Rocco Artuso

SAN ROQUE
EL CAMINANTE
DE DIOS

© Rocco Artuso
©2025, P. Mario Pezzi (prólogo)
©2025, Bruno Moreno Ramos (traducción)

©2025, CAPARRÓS EDITORES, S. L.
Bayona, 10 - 2º izda. 28028 Madrid
Tel.: 34 635294690
Correo electrónico: info@caparroseditores.com
http://www.caparroseditores.com

Diseño de cubierta, Luca Oranges
Composición y maquetación: signocomunicacion.es
Impresión: PODIPRINT
ISBN: 978-84-96282-92-6
Depósito Legal: M- 16581-2025
Printed in Spain

Rocco Artuso

EL CAMINANTE DE DIOS

Historia novelada de San Roque de Montpellier

Prólogo del P. Mario Pezzi

CAPARRÓS EDITORES

A mi esposa, Caterina,
indispensable compañera de mi vida,
y a los seis misterios
que se han presentado en nuestra casa,
nuestros hijos.

PRÓLOGO DEL PADRE MARIO

Queridos hermanos, con alegría y emoción me dispongo a presentaros este libro sobre San Roque, escrito en 2009 por Rocco Artuso, hermano del Camino Neocatecumenal de Regio de Calabria, que comenzó el camino en 1972.

El Señor me concedió encontrarme con este libro en mi búsqueda de historias de santos y, desde la primera lectura, me ayudó mucho. Por ello, pensando que podía ayudar también a otras personas, quise promover una nueva edición italiana y una primera edición española en unión con el autor, quien aceptó de muy buena gana.

La agradable lectura de este libro, escrito en forma de novela, puede ser reconfortante y luminosa no solo para los creyentes, sino también para quienes encuentran dificultad en reconocer la presencia de Dios en su historia. De hecho, lo primero que me impresionó al leer esta vida novelada de San Roque fue que contemplaba las diversas etapas de su vida y los acontecimientos de su historia con los ojos de la sabiduría y de la fe.

Sin duda, puede ayudar a quienes están llamados a seguir la iniciación cristiana gradual que Dios ha querido suscitar a través de Kiko y Carmen: el Camino Neocatecumenal. En él, tras acoger con alegría el anuncio del kerigma, el Señor llama a los cercanos y a los lejanos a recorrer las diversas etapas del catecumenado, para renovar cada vez más plenamente la semilla sembrada en nosotros en el Bautismo.

La obra fue escrita por el autor después de una larga investigación, no solo mediante el examen de las fuentes históricas, como atestigua la amplia bibliografía adjunta en el Apéndice, sino también visitando personalmente los principales lugares donde el santo vivió y se esforzó, y entrevistando a las personas más devotas de él en varias localidades de Italia y en Montpellier (Francia).

Presento esta primera edición española con alegría y emoción, junto al autor, Rocco Artuso. Cuando leí hace años esta vida de San Roque, me asombró encontrar plena sintonía entre ella y lo que hemos ido descubriendo a lo largo del itinerario del Camino Neocatecumenal, es decir, a leer los acontecimientos cotidianos a la luz de la fe, para así aprender a vivir como un niño que se deja guiar por el amor del Padre.

P. Mario Pezzi

INTRODUCCIÓN DEL AUTOR

Hace apenas unas décadas, la vida era muy distinta a la actual y los lugares donde la gente aprendía eran muy diferentes a los de hoy. La verdadera maestra era la vida rural, la del trabajo en el campo y en contacto con la tierra desnuda, que debe producir para alimentar. El agricultor era un magnífico lector de los signos de los tiempos. Recuerdo que los campesinos de mi pueblo natal, Salice Calabro en Regio de Calabria, simplemente observando el modo en que comía la cabra, introduciendo hierba en su doble estómago, juzgaban, como nuevos meteorólogos, si en los días siguientes haría buen o mal tiempo. ¡Y las predicciones se hacían realidad!

Siempre he vivido en la ciudad, en Regio de Calabria, pero volvía cada verano a pasar mis vacaciones en aquella tierra donde tenía muchos amigos y, sobre todo, muchos familiares. Mi abuelo materno tuvo trece hijos y nosotros, los nietos, éramos muy numerosos. No aprendíamos de la televisión, ni de los periódicos o las modas de temporada, ni siquiera de esa red de redes que es Internet, donde uno puede encontrar verdaderamente una multitud de informaciones, pero nunca puede estar seguro de su fiabilidad, a veces cercana a cero. Nos levantábamos al amanecer después de dormir en una cama hecha de tablones, con un colchón relleno de hojas secas de maíz. Jóvenes y mayores, sin excepción, nos levantamos al amanecer o un poco antes. El gallo nunca cantaba en vano. Café para el abuelo y los tíos y un poco de leche de cabra recién ordeñada para los nietos y partíamos, a pie, azada al hombro y guadaña pegada a la cintura, hacia los campos donde ejercitaríamos la espalda y pondríamos a prueba el grosor de los callos de las manos de los adultos, que a menudo sangraban.

Mi abuelo tenía un gran sentido de la geometría, tanto que los surcos quedaban perfectamente alineados. Hacía pequeños agujeros en la tierra blanda recién arada y luego los tapaba inmediatamente, después de colocar uno o dos granos de judías u otras legumbres dentro. Podaba e injertaba los árboles y segaba la hierba, incluso la más dura, con una maestría excepcional. A nosotros los niños nos lo prohibían porque no podíamos evitar cortarnos en las manos al hacerlo. El ideal para nosotros era llegar a ser tan buenos como nuestro abuelo. Se expresaba poco con palabras y mucho con gestos y miradas, a menudo muy elocuentes. En realidad, no le ayudábamos en nada, aunque cada nieto tenía su pequeña azada para que se sintiera importante. De hecho, después de unos cuantos golpes de azada necesitábamos descansar un poco, pero ninguno de nosotros regresaba a casa antes que nuestro abuelo porque, para nosotros, era un privilegio poder estar con él y nuestros tíos en los campos. Solo podías ir con ellos después de cierta edad, cuando ya eras considerado un "niño grande". Ése era uno de los lugares saludables donde se adquirían nuestros conocimientos.

La noche era el momento más esperado por todos. En cuanto empezaba a oscurecer, los niños nos reuníamos en casa de alguno de nuestros tíos, alrededor de una chimenea, para asar carne, pimientos, patatas, berenjenas y lo que fuera. Allí intercambiábamos opiniones y lo discutíamos todo, a veces acaloradamente. Así esperábamos a que llegase el abuelo. Cuando por fin llegaba, no se escuchaba ni una palabra. Era él quien hablaba y nos sentíamos honrados de poder escucharlo porque sabíamos que aprenderíamos algo. Incluso los adultos, sus hijos y las esposas de sus hijos, guardaban silencio y si abrían la boca era para pedirle consejo. La autoridad que emanaba mi abuelo era tal que, durante años, tuve la impresión de que incluso la leña que ardía atenuaba su crepitar en señal de respeto. Nuestros padres, nuestros tíos o nosotros mismos hacíamos algunas preguntas y el abuelo escuchaba. Nunca respondía apresuradamente. Pensaba mucho antes de proponer soluciones, incluso cuando parecían obvias. A veces aguardaba para expresar su opinión sobre tal o cual asunto a los días siguientes. En ocasiones hablábamos de Dios y de los santos o de los "espíritus malignos" y aprendíamos que había otro mundo y otra vida, aunque misteriosa.

Si alguno de los nietos hacía algo mal o faltaba el respeto a algún adulto del pueblo, era reprendido por todos los familiares y su padre, después de un par de bofetadas, aprobadas por todos, lo acompañaba a casa del ofendido para que pudiera disculparse y ser perdonado. Nadie escapaba a este castigo. Las madres no se ponían de parte de sus hijos en contra de sus padres cuando los castigaban. De hecho, la frase habitual que todavía recuerdo era: "¡tu padre tiene razón!". Los padres transmitían una especie de "yo moral" mientras que las madres, al tiempo que mostraban su delicadeza materna, revelaban un "yo afectivo" que no se oponía a la corrección paterna, sino que la apoyaba complementándola. Quizá parezca una dureza inadecuada, pero lo cierto es que los niños crecían sanos, fuertes y equilibrados y, sobre todo, sin rencor hacia sus padres.

Además de la familia y el parentesco, también la sociedad tenía un papel educativo. Si un adulto observaba que un niño hacía algo que no debía hacer, le advertía de que informaría a sus padres, especialmente a su padre, porque toda la comunidad se sentía responsable de su educación. Un niño que se desviaba del camino era considerado un daño para toda la comunidad.

Hasta hace unas décadas, existía un código no escrito con reglas muy específicas. Los padres y las madres enseñaban buenos modales a sus hijos. El hijo o la hija, con delantal negro, cuello blanco y lazo azul o rosa, a los seis años, acompañado de su madre, se presentaba con temblorosa emoción ante la maestra. El niño y la niña, que en gran medida desconocían la lengua italiana, estaban allí para aprender y completar una educación que había comenzado en su familia.

En la escuela, además del sentido patriótico, se impartía también el sentido religioso. Lo primero que había que hacer, antes de empezar las clases, era rezar. Todos estábamos de pie, alineados como un pequeño ejército en orden de batalla: rezábamos el Ave María, el Padre Nuestro, el Ángel de la Guarda y por algunas intenciones especiales de algún compañero y su familia que, tal vez, estaban en dificultades. Solo después de la oración podía comenzar la jornada de estudio. Las primeras reglas de conducta, impartidas principalmente por la madre, se completaban en la escuela porque padres, madres y maestros guiaban al niño en la misma dirección y hacían de él un hombre. Como el objetivo era formar hombres y mujeres equilibrados, las escuelas estaban abiertas a catequistas excepcionales vestidos de sotana o hábito. Los sacerdotes y las monjas estaban muy presentes durante el año escolar y a nadie se le ocurría que su presencia pudiera perturbar a los seguidores de otra religión importada. Eran tiempos en que las edades se manifestaban conscientemente: a la infancia seguía la niñez y después llegaba la pre adolescencia, cuyo prefijo distraía los pensamientos de los pecados tempranos de la pubertad, cuando uno ya se había convertido en un muchacho, pero aún no era un joven.

Estos modelos de educación familiar y escolar quedaron enterrados hace tiempo. Desde hace al menos treinta años la relación entre padres e hijos, dentro de la familia, pero también fuera de ella, se ha transformado radicalmente. Los padres ahora se sienten y están desnudos, los maestros se han vuelto temerosos y el pudor se ha convertido en opcional en cualquier discusión pública o privada. Las blasfemias y groserías son un desafío a la mesa común, que debería dar lugar a un conjunto de afectos sanos, de sentimientos eternos y sólidos que forjen los cimientos morales del tejido social, pero hoy a todo eso muchas veces se le llama hipocresía. ¡Ya no existe una generación que enseñe a la siguiente, transmitiéndole sus conocimientos y tesoros! Hoy en día, un profesor debe tener cuidado de no regañar a su alumno, incluso aunque cometa un gran error, porque su familia se enfrentará a él. Los niños a menudo ya no perciben el sentido de los límites porque nadie les enseña que los límites existen. ¡Y así no pueden crecer bien!

***

Parece que hoy en día el Estado es el único ente capaz de educar a todos: jóvenes y adultos. Los abuelos y padres han sido sustituidos por el grupo o el rebaño, con sus leyes, cuyo incumplimiento provoca el rechazo del niño que intenta integrarse. Así, si el grupo bebe cerveza o fuma porros, es necesario hacer lo mismo para ser aceptado. La religión ha sido reemplazada por la estatalidad, por reglas comunes que cambian a la velocidad del rayo en comparación con tiempos pasados. Muchos hablan hoy del principio de laicidad del Estado. Esto podría interpretarse bien, en el sentido de otorgar a todos la libertad de tener sus propias creencias. Con demasiada frecuencia, sin embargo, se malinterpreta en el sentido de que ninguna forma de devoción y sentido religioso que se refiera al más allá debe manifestarse más allá de un cierto umbral de tolerancia. ¡Qué lejos quedan los tiempos cuando en la familia se enseñaban valores y se rezaba en las escuelas! ¡Qué lejos están los tiempos en que nuestra sociedad miraba al cielo!

A menudo me he preguntado quién estableció este principio. ¿Acaso ha caído del cielo? Parece ser un principio superior a cualquier razón y, de hecho, nadie se permite dudarlo. ¿Por qué, en un mundo que todo lo discute y todo lo cuestiona, incluso principios centenarios, abrazamos con vehemencia este nuevo "principio" como si fuera otro evangelio, indiscutible e incuestionable, mediante el cual el hombre se redimirá? Son preguntas inquietantes, en particular porque se está construyendo una sociedad sin valores trascendentes y, sobre todo, sin Cristo, como si Él fuera el auténtico obstáculo, el enemigo del ser humano. Con demasiada frecuencia este principio de la laicidad del Estado se ha entendido en el sentido de que debe impedirse la manifestación de cualquier creencia.

***

En el supuesto esfuerzo por construir una sociedad justa, donde podamos acoger al diferente, al marginado y al extranjero, parece que no hay espacio para Aquel que amó al diferente, al marginado, al extranjero y, en una palabra, al último. ¡Qué extraña paradoja! En este mundo, donde ahora reina la diosa ilustrada llamada "razón", donde la fe es asesinada a golpes de reglas que equiparan la plenitud y la nada en un clamor enloquecido de prensa y televisión, gemimos porque hemos perdido el norte. Se espera que quienes tienen fe la mantengan oculta todo lo posible para no molestar a quienes no tienen fe o tienen una fe diferente, confinando así la fe a la esfera exclusivamente privada como si fuera enemiga del hombre y de la sociedad. En cada acto de su vida, el hombre dispone de sí mismo porque hace sus propias valoraciones y elecciones y las hace con la fe que tiene. ¿Por qué, entonces, se pretende que, a la hora de perseguir el bien común, hay que eliminar de nuestras elecciones los principios y valores que remiten a lo trascendente? ¿Es esto libertad de fe y de conciencia? Nos quieren convencer de que podemos expresar lo que queramos de nosotros mismos, excepto aquella parte de nosotros donde se encuentra nuestra fe, porque, de lo contrario, aquellos que no tienen fe se ofenderán.

Hay un error fundamental en todo esto porque los Estados no pueden ni deben legislar para permitir una sola religión, la de la laicidad del Estado. A nadie parece preocuparle, sin embargo, molestar con su secularismo a quienes, como yo, tenemos fe. A casi nadie se le ocurre que los Estados no tienen poder para legislar cuestiones de fe. Parece que ya nadie sabe que la fe, en particular la fe en

Jesucristo, ha dado sabor a toda sociedad civil, elevándola, preservándola e iluminando la historia humana mucho más de lo que el mundo se imagina.

Hoy en día, además, casi nadie educa a los adultos, que se han convertido en tales según el registro civil, pero en realidad continúan siendo niños. Nadie les enseña de forma metódica y con continuidad a mantener la fe en la fase adulta de la vida. Eso suponiendo que ya tengan esa fe. El Estado no puede ni debe sustituir a la familia porque a lo sumo puede enseñar a vivir juntos civilizadamente, mientras que solo en la familia se ama y, así, se aprende a amar. Del mismo modo, en la familia aprendemos a creer y a esperar, y en las parroquias y otras formas de asociación, aprendemos a relacionarnos más allá de los límites de nuestro propio entorno familiar. Creo que hoy es más necesario que nunca reconstruir los lugares de formación humana, ayudando al hombre en todas las fases de la vida.

***

Esta obra pretende ser un intento de hablar y escuchar frente al calor de una nueva chimenea, como la que existía en nuestros hogares hace no mucho tiempo. En medio de tanto ruido, uno escuchaba, meditaba y aprendía sabiduría.

El libro pretende mostrar a todos los que lo lean que es posible emprender un camino de búsqueda y retorno a Dios. De hecho, todos los hombres buscan a Dios. Todos. Incluso aquellos que se quejan o están enemistados con Dios, incluso aquellos que pretenden encontrar un sentido a la vida sin Él. De alguna manera, ellos también buscan a Dios, porque buscan la Belleza, buscan lo Absoluto y, en última instancia, buscan la vida que no se acaba.

Hannah Arendt, siguiendo a San Agustín, sostenía que cada cuerpo, debido a su peso, tiende hacia su lugar adecuado. Un peso no solo te arrastra hacia abajo sino también al lugar que corresponde. Así, el fuego tiende hacia arriba y la piedra hacia abajo. El aceite vertido en el agua se eleva por encima del agua misma, el agua vertida sobre el aceite se hunde bajo el aceite, ambos empujados por su peso a buscar su propio lugar. El alma tiene su propio peso, que es el amor, y por eso tiende hacia su lugar, que es Dios, y busca siempre a Dios. El hombre tiene un deseo infinito de Belleza, de Dios.

En esta búsqueda de nuestro propio lugar, cada uno de nosotros necesita ayuda. Esta obra pretende ayudar en ese sentido y espero que resulte útil para todos los que la lean. Quise escribir la historia del peregrino Roque para mostrar a través de ella que el hombre está siempre inquieto y en búsqueda del amor. Ese amor es lo que ayuda a encontrar al Amado y a descubrir que Dios habla a cada hombre en el lenguaje de los hechos.

***

De niño ni siquiera aceptaba el nombre que llevo, Rocco, que es el equivalente italiano de Roque, porque ya me clasificaba como calabrés. Luego, cuando fui a Roma, por el nombre y por mi acento sureño me confundían con un siciliano y eso me molestaba. Cuando, gracias a la ayuda que recibí en el Camino Neocatecumenal, pude reconciliarme con mi historia personal, quise buscar el origen y el significado de mi nombre. Nada sucede por azar en la vida. Cada nombre es como un programa de ordenador: en su interior hay un potencial oculto que, si se libera, muestra un programa de vida en el camino hacia la santidad.

¡Es un honor llevar el nombre de tan gran santo! A cada uno de nosotros se nos ha dado un nombre cristiano para que podamos inspirarnos en ese santo y heredar sus virtudes, de modo que aprovechemos la huella que ha dejado. A lo largo de muchos años, he leído infinidad de cosas sobre San Roque. Creo que puedo decir que he leído todo lo que se ha publicado en italiano, latín y francés. Durante años, pasé cada momento libre leyendo algo sobre mi santo. Lo que leí me fascinó y entusiasmó tanto que pensé en escribir una biogra-

18

fía de San Roque apoyada en hechos y documentos. Entonces me dije que ya existían excelentes publicaciones sobre el tema, tanto en italiano como en francés, y que las reconstrucciones históricas lastradas por la investigación científica tienen hoy poco interés.

Con motivo de la conclusión del camino neocatecumenal en Villa San Giovanni, en la parroquia del Rosario, pensé en escribir una historia de ficción. Por eso en este libro se pueden encontrar algunos personajes inventados, que son útiles para que cada uno plasme alguna cosa que resulta difícil de describir de otro modo. La figura del Padre Bernardo fue inventada con el objetivo de ilustrar la influencia de los franciscanos en el santo. Asimismo, creé el personaje de una novia llamada María para explicar la renuncia de San Roque a vivir la sexualidad según los dictados del mundo, así como al deseo de formar una familia, para dedicarse plenamente a la misión.

Estuve largo tiempo trabajando en este escrito y muchas veces pensé en rendirme. Unas veces tenía numerosas ideas y otras me faltaba inspiración. No pensé que fuera a ser tan difícil. A menudo me preguntaba si este trabajo no sería una forma de gratificar mi vanidad en lugar de buscar la mayor gloria de Dios. Oré repetidamente para entender si debía continuar o no. Quería sorprender a los hermanos de la comunidad de Villa San Giovanni. Kiko Argüello, iniciador del Camino Neocatecumenal y pintor, prevé la creación de un fresco en las iglesias de sus comunidades que finalizan el Camino. No sé pintar frescos así que intenté hacer este trabajo como agradecimiento al buen Dios y a San Roque, que me ayudaron a reconsiderar muchos episodios de mi vida. En un momento dado, llegué a pedir a Dios que me quitara toda la inspiración y me hiciera abandonar este trabajo, si no era su voluntad sino solo la mía. Las ideas, por otra parte, me asaltaban en los lugares más dispares y me veía obligado a escribirlas en un trozo de papel y luego reelaborarlas con calma en casa. Ha sido un trabajo duro, pero confío en que este pobre libro pueda ayudar también a mis hijos, los primeros catecúmenos que Dios quiso confiarme. Escribir sobre las cosas de Dios me ha ayudado mucho.

***

Esta historia de ficción se divide en tres partes porque la vida de cada hombre encierra el misterio de Dios mismo. Por eso he querido desarrollar la historia mostrando una referencia, aunque sea de fondo, a la Trinidad.

La primera parte, como la vida de todo hombre, incluye la fase del nacimiento y de la formación, de la educación y de las primeras inquietudes.

La segunda parte es aquella en la que las inquietudes empujan a tomar decisiones a largo plazo, unas decisiones en las que conviene acertar, porque el hombre solo tiene una vida y no puede desperdiciarla siguiendo falsos dioses hasta encontrarse con las manos vacías. Es la fase en la que Dios llama y se deja intuir por cada ser humano, dándole las gracias necesarias. Es la fase de la intuición como sentido más profundo del conocimiento, la fase en la que experimentamos que "el Espíritu mismo, juntamente con nuestro espíritu, da testimonio de que somos hijos de Dios; y si hijos, también herederos; herederos de Dios y coherederos con Cristo"[1].

En la tercera parte, las elecciones se van convirtiendo en realidad y se descubre que vale la pena vivir de conformidad con las elecciones que Dios inspira, al tiempo que da la fuerza para hacer lo que pide. Es el descubrimiento de que se puede vivir de la gracia, de que es posible amar la propia vocación a la santidad y, al mismo tiempo, defenderla de la propia pereza e imperfecciones, hasta el punto de dar la vida sin ninguna reserva, sabiendo que en esto consiste la verdadera vida, pues es la anticipación del Amor sin límites que nos

---

1   Rm 8,16-17.

ha atraído hacia sí y nos espera desde el primer aliento de Dios en nosotros.

He organizado estas tres partes de la novela en treinta y cuatro capítulos cortos porque Dios está presente en cada persona y su historia. Dios no está nunca ausente, en ningún momento de la vida del hombre, pero también es cierto que cada uno está llamado a descubrir esta presencia colaborando en la santificación de su tiempo. Esta es la actividad ordinaria, por así decirlo, del cristiano: santificarse, hacerse santo con el Santo. Por ello, quise dividir la novela en treinta y cuatro capítulos, del mismo modo que la Iglesia divide el tiempo ordinario de la santificación de los cristianos en treinta y cuatro semanas, aparte de los otros tiempos litúrgicos[2], que especifican aún más algún aspecto particular de la única santidad.

En la cuarta parte del libro, más allá de la novela misma, he querido hacer algunas reflexiones: seis exactamente. Son seis para indicar que, así como Dios crea en seis días la tierra, el cielo y el mar y cuanto contienen, el hombre participa en su actividad creadora respondiendo al Amor con seis reflexiones fundamentales. Falta el séptimo capítulo de consideraciones, pero es una omisión deliberada porque es el lector quien tendrá que escribirlo con la opción total de su propia existencia. Generalmente decimos que el séptimo día Dios descansó, aunque sabemos bien que Dios no descansa, tanto porque no se cansa como porque nunca deja de amarnos a cada uno de nosotros ni deja de ser Él mismo. Así pues, podemos decir que cada uno de nosotros encuentra su descanso amando como el Amado, entregándose totalmente y sabiendo que, si no hemos dado todo por Amor, no hemos dado nada.

---

2   Es decir, Adviento, Navidad, Cuaresma y Pascua, los tiempos litúrgicos que no son el tiempo litúrgico ordinario.

PRIMERA PARTE

CAPÍTULO I: EL CONDE JUAN DE LA CRUZ

La tarde era fría, casi gélida, y el anochecer iba venciendo en su batalla a las últimas luces del día. Sentado frente a su escritorio, a la luz de un candil que quemaba aceite dejando una leve traza de humo negro, el conde Juan de la Cruz miraba con cierto hastío las cartas que tenía ante sí. Sentía frío, especialmente en las manos, que, a pesar de sus escasos treinta y siete años[3], revelaban ya una artritis que le resultaba muy molesta. En ocasiones le parecía como si pequeñas agujas se le clavasen en las articulaciones de los dedos. Hacía un par de años que intentaba ignorar aquellos dolores y había consultado a los mejores médicos del condado, pero no habían llegado a ninguna conclusión. Lo había intentado todo para dejar de sentir dolor en los dedos. Había tomado brebajes preparados por su médico, se había puesto compresas calientes y había probado a hacer ejercicio abriendo y cerrando rápidamente las manos. A veces le resultaba humillante pensar que él, señor de Montpellier, con posesiones hasta en las Islas Baleares y primo del rey de Francia, tenía que sufrir con impotencia aquella dolencia, aquel fastidio que

---

3   La esperanza de vida en el sur de Francia en el siglo XIII y XIV era de entre 30 y 35 años. Eran pocos los que llegaban a los 40 años y poquísimos los que alcanzaban la cincuentena.

no presagiaba nada bueno. No solo empuñaba la espada con dificultad, sino que incluso mojar la pluma en el tintero y escribir le causaba un auténtico suplicio.

Dolores o no, tenía que seguir firmando una montaña de documentos antes de volver a la otra ala del castillo, donde se encontraba su dulce Liberata. Muchos prisioneros esperaban que firmase sus decretos de excarcelación y no quería hacerles esperar más. A fin de cuentas, el día siguiente era la víspera del domingo de Pascua. A ratos, mientras leía y firmaba aquellos decretos que el buen Francisco, su secretario, le había preparado, alzaba los ojos al cielo y se recostaba con fuerza contra el respaldo, respirando profundamente y resoplando, como si necesitara más oxígeno. Pensaba cuánto debían de haber sufrido aquellos hombres en las cárceles de su patria. La mayoría eran pequeños delincuentes que se ganaban la vida saltándose la ley con tanta facilidad como quien pestañea. Después, medio en sueños, volvía a pensar en cómo se le había ocurrido indultar a toda aquella gente.

El conde Juan de la Cruz, señor de Montpellier, tenía todo lo que un hombre podía desear para considerarse feliz. Había pasado una infancia tranquila en la corte del rey de Francia. Su padre, hermano del padre del rey, le quería mucho y veía en él al heredero de su vasto imperio comercial, que prosperaba particularmente en la costa mediterránea francesa, hasta los confines de la española en Cataluña. De él había recibido, ante todo, una gran devoción a la Virgen María, a la que se encomendaba especialmente en los momentos de dificultad, pero no solo en ellos. Aquella devoción había ido creciendo aún más en su corazón después de la muerte de su madre, tanto que ya no sabía alzar los ojos al cielo para hablar con Dios sin recurrir también a la Madre de todos los cristianos. Era rico y respetado, el pueblo lo amaba por su sabiduría y su solicitud por buscar el bien común. Sobre todo, amaba a Liberata y era correspondido por ella, su "dulce esposa", como le gustaba llamarla con ternura. Había ido de incógnito a Lombardía, en Italia, con el fin de verla antes de pedirla en matrimonio y después de haber rezado durante mucho tiempo y con gran fervor, pidiendo la intercesión de la Virgen María para discernir si era voluntad de Dios que la desposara. Lo primero que hizo fue asegurarse de que fuera una mujer de fe, porque estaba convencido de que así sería más dulce soportar entre los dos las inevitables dificultades y asperezas de la vida y, cuando surgieran desencuentros entre ellos, resultaría más fácil perdonarse y reconciliarse. Habían pasado ya diez años desde el día de su boda, cuando la había visto vestida de blanco como un dulce preparado por el mismo Dios para él. La amaba como a sí mismo, pero… pero había algo que le dejaba un sabor amargo en la boca. A pesar de aquel amor tan puro, dulce y delicado, no habían tenido ningún hijo. Cada vez que pensaba en ello, se sentía invadido por un espíritu de tristeza, que le llegaba hasta la médula. Los mejores médicos de Francia no tenían una explicación para aquella aparente esterilidad. Afirmaban que tanto Juan como Liberata, teóricamente, podían tener hijos o, al menos, eso era lo que le decían para no causarle más sufrimientos. Él sabía que, tras aquella circunstancia que tanta humillación le causaba, se escondía un designio de Dios, un designio que aún no había logrado entender con claridad, y por ello, aunque se entristecía, no caía en la desesperación. Miraba al hijo de Francisco, su secretario, y se tragaba su dolor, intentando sofocarlo, pero era su dolor el que se lo tragaba a él. Francisco y Carlota tenían seis hijos y habían perdido otros tantos por abortos espontáneos, mientras que Liberata y él… nada. Algunos días se sentía un fracasado, un inútil, más inútil que su perro de caza y su tortuga. Al menos ellos tenían crías. Solo una vez había hablado con su esposa de sus deseos de tener un niño al que transmitirle toda su experiencia, todo su afecto y todo lo que tenía, porque al hacerlo había leído en los ojos húmedos de Liberata un dolor tan grande que se había prometido a sí mismo no mencionar nunca más ese tema en su presencia. El pensamiento, sin embargo, aunque a veces parecía calmarse, siempre resurgía, poderoso e inquietante.

En aquel Viernes Santo, estaba firmando todos aquellos indultos como acto de misericordia. Quería que todos fueran libres y dichosos en la Pascua que se acercaba y que su felicidad llegase hasta el cielo, como testimonio de misericordia y devoción hacia los pobres y desdichados. Hacía tiempo que ya se había hecho de noche y el conde seguía empeñado en su trabajo, que parecía no terminar nunca. Los pensamientos interrumpían su labor una y otra vez, sin que pudiera evitarlo. Hacía frío en aquel estudio de altos techos, tanto que su nariz estaba enrojecida y las nubes de vaho de su respiración parecían ser lo único caliente de la sala. Mientras luchaba contra los pensamientos que intentaban inquietarle y amenazaban con dominarle, Juan escuchó el chirrido de la puerta al abrirse.

—¿Puedo entrar, mi señor?

Era Francisco, su querido secretario, que le había servido desde niño y le había seguido de París a Montpellier para estar siempre junto a él.

—Ah, eres tú, Francisco. Adelante, pasa.

Francisco entró y se acercó, pero manteniendo siempre cierta distancia, como requería la diferencia de rango. Con la cortesía que siempre utilizaba con su señor, le indicó que era tarde y debía irse a descansar si quería cuidar de su salud y no solo de aquellos pobres presos a los que deseaba salvar de la horca.

—Es tarde, mi señor, y lleváis todo el día sentado en este escritorio. ¿Cuándo descansaréis? Vuestra señora esposa, la condesa, estará preocupada.

—Ahora iré —respondió, mientras guardaba las cartas—. Mira, Francisco, en dos días llegará la Pascua y he pensado liberar a toda esta gente. ¡Tiene que ser terrible estar privado de la libertad! He querido hacer este acto de misericordia para que el pueblo entienda lo importante que es ser libres. Libres, ¿me entiendes? Quitar la libertad a un hombre es como enterrarlo. Parece vivo, pero es como si ya estuviese muerto, a no ser que sea capaz de encontrar la libertad interior, que es mucho más profunda.

No, Francisco no lo entendía y solo pensaba que su señor era demasiado bueno. Claro que por eso lo amaba, lo respetaba y estaba tan orgulloso de servir al conde Juan de la Cruz, señor de Montpellier y de Mallorca. Por su parte, Juan sabía que hablar con Francisco en ocasiones era como hablar con la pared, pero no dejaba de hacerlo y se dirigía a su secretario como si hablase a un gran letrado versado en el arte de la oratoria, aunque sabía que no era más que un hombre sencillo que amaba a su señor y habría dado la vida por él. De hecho, por eso le hablaba, porque se sentía querido por él. Lo único que le faltaba a Francisco era ser su hermano o, mejor, su hijo, aunque eso no podía decírselo a nadie. La idea de tener un hijo no dejaba de rondarle por la cabeza. ¿Por qué no tenía un hijo? ¿Por sus pecados o por los de sus padres?

Al hilo de aquellos pensamientos, pareció olvidarse de Francisco y siguió trabajando. Ya era casi medianoche. Francisco no se atrevió a interrumpirle de nuevo y, recogiendo algunas hojas que habían caído al suelo, empezó a ponerlas en orden en silencio y discretamente. No osaba importunar a su señor, porque, aunque le tenía gran afecto, a veces se enfadaba con él y después le pedía disculpas, como si un gran señor no tuviese derecho a enfadarse con su siervo. Al cabo de un rato, Juan se levantó. Llevó la mano derecha a la boca para cubrir un gran bostezo, mientras exhalaba una nueva nube de aire caliente. Después, estiró las piernas, primero la derecha y luego la izquierda, enderezó la espalda como el que emprende una aventura y, finalmente, se rascó la cabeza con los dedos índice y corazón, con un gesto interrogante. ¡Por fin había terminado! Al día siguiente, al alba, el alba del Sábado Santo, los carceleros también podrían concederse a sí mismos la libertad, porque ya no habría prisioneros.

Francisco seguía allí, con él. Era como si no estuviese, porque seguía callado como una tumba, pero se le notaba en la cara una gran alegría al ver que su señor había terminado la tarea. Por fin podría acompañarlo a la otra ala del castillo y marcharse, él también, a descansar.

CAPÍTULO II: LA ORACIÓN DE LIBERATA

Juan atravesó casi todo el castillo, precedido por Francisco, que iluminaba el camino con el candil. Al llegar a su destino, el secretario abrió la puerta para que entrase su señor, hizo una profunda inclinación casi hasta el suelo mientras pasaba y después se alejó con paso cansado.

Por un instante, el aire frío produjo una sensación amenazadora en el conde, que, tras entrar, dio dos vueltas a la llave. Tratando de no hacer ruido, se dirigió al piso superior. Era tan tarde que Liberata, su querida Liberata, sin duda estaría dormida, pero, al ver una tenue luz que salía de la habitación de su esposa, se acercó en silencio a la puerta entornada y la abrió lo suficiente para meter la cabeza y echar un vistazo a la habitación. Descubrió a Liberata arrodillada, con los brazos y la mirada vueltos hacia el cielo. Estaba completamente inmóvil, excepto por el leve movimiento de sus labios, de los que salía un susurro apenas perceptible.

—Señor, perdóname por todas las veces que no te he escuchado ni entendido, por todas las veces que no he sabido comprender el lenguaje de los acontecimientos que permites en mi vida y en la de Juan…

De aquella forma de hablar tan íntima en medio del silencio, Juan dedujo que Liberata llevaba largo rato conversando así con Dios y no quiso interrumpir abruptamente la plegaria de su esposa. La llamó con delicadeza, pero ella no le oyó, de modo que decidió esperar un rato antes de llamarla otra vez. Lo hizo y, de nuevo, no fue escuchado. Había decidido entornar la puerta sin molestarla, cuando ella volvió a hablar, de forma más nítida.

—Señor, ¿por qué esta humillación? ¿Por qué no nos mandas un hijo? Hazlo al menos por mi Juan, porque le veo sufrir en silencio y sé que, para no causarme pena a mí, mastica su amargura entre lágrimas derramadas en secreto. Haz que padezca yo otras cien humillaciones, pero complace a mi marido, Tú, que todo lo puedes y escuchas a los corazones sencillos y humildes… O, si este cáliz amargo no puede apartarse de nosotros, danos un discernimiento profundo y auténtico para que podamos aceptar tu santa voluntad, también cuando resulta difícil comprenderla.

Siguió una pausa, que parecía corresponder a una respuesta, pero no la hubo o, al menos, los oídos de Juan no pudieron percibirla. Después, Liberata continuó hablando.

—Señor, envíanos un hijo y te lo consagraré. Dánoslo como signo de tu amor, que nos escucha y consuela, y nosotros te lo devolveremos hecho un hombre de fe, porque Tú serás su verdadero padre y su verdadera madre en la otra vida, la que no tiene ocaso. Sin embargo, si este ruego que te hago fuera solo fruto de mi soberbia, como si te quisiera enseñar a ti, que eres todo y lo sabes todo, los tiempos y las maneras en que conviene obrar, entonces no me escuches y ten misericordia de una pobre ignorante, que no comprende más que lo que alcanza a ver.

Juan apenas notó las lágrimas que caían de sus propios ojos, pero supo con certeza que la sinceridad de su esposa había conmovido a Dios. Albergaba en su interior una amargura indecible por no poder estrechar a un hijo suyo entre sus brazos, pero también sentía dentro de sí una gran fuerza, que debía a su devota esposa. En ocasiones, cuando ella le hablaba, le parecía que su mujer tenía una visión tan poderosa y penetrante que iba más allá del tiempo y el espacio hasta posarse en las mismas raíces del misterio escondido de la vida, allí donde Dios existe eternamente.

Liberata no conseguía comprender del todo el sentido de aquella humillación que Dios permitía en su vida, pero intuía que también era para ella una riqueza, porque le permitía descubrir su propia finitud y, por lo tanto, su extrema necesidad del infinito, su necesidad de Dios. En efecto, su intimidad con Él había crecido notablemente en los últimos diez años.

Juan entendió que aquel diálogo humano-divino se había ido produciendo durante mucho tiempo y tuvo la impresión de encontrarse en el umbral de un mundo completamente nuevo e infinito, en el que el silencio hablaba con elocuencia. Se diría que el tiempo se había detenido para que él pudiese ser acogido y amado. Olvidó el sueño, el frío y el cansancio y sintió un vigor renovado, como si el día acabara de empezar en aquel instante. Después de retirar la cabeza y cerrar la puerta, respiró lentamente y cayó él también de rodillas, sin prestar atención a las quejas de sus articulaciones, que reclamaban su atención para este mundo, porque casi podía tocar el otro. Cerró los ojos y se sumergió en la oración sin resistencia, encontrando poco a poco horizontes más plenos y dilatados. No dijo nada ni preguntó nada a Aquel que encontró allí presente. Sentía que conocía desde siempre los rincones más ocultos de su corazón y de su mente, lo que le producía la dulce impresión de encontrarse en los brazos seguros de su madre.

Sin previo aviso y aunque tenía los ojos cerrados, lo deslumbró un relámpago luminoso. Fue solo un instante, pero le resultó suficiente para entender una idea siempre verdadera, pero que nunca se le había revelado hasta entonces. Aunque Dios lo humillaba con la falta de un hijo, esa misma humillación lo estaba convirtiendo en amigo íntimo de Dios. Se sentía tenido en cuenta, estimado y amado por Él, sabiendo que lo había llevado por ese camino para prepararlo a encontrarse con Él. Ya no le importaba no haber tenido un hijo y sentía un profundo arrepentimiento por haber seguido aquel ideal de felicidad, que ahora le parecía perjudicial. Se dio cuenta de que se había construido un ídolo, imaginando que su felicidad dependía de tener un hijo. Su egoísmo afectivo lo había engañado, negándole la felicidad y causándole una profunda inquietud al ver que su sueño no se hacía realidad, pero ahora, tuviera o no tuviera un hijo, lo que deseaba era aquella intimidad con Dios. Había buscado su idolatría afectiva, pero se había encontrado con Dios. Bendijo aquella humillación que tanto le había hecho sufrir. Se dirigió lentamente a su habitación y se acostó. Miró el techo y, aunque sentía el peso de su cuerpo, a la vez su mente y su corazón volaban más allá del techo, proporcionándole un reposo que nunca había sentido. Finalmente, el sueño venció a sus pensamientos y se durmió. Aquel Viernes Santo había muerto su yo, dejándolo libre para alcanzar un verdadero descanso.

CAPÍTULO III: LA FELICIDAD DEL PUEBLO

Era Sábado Santo, el día en que el cuerpo del Señor permaneció sepultado, y Juan se despertó al oír una algarabía festiva que procedía de las calles de su condado. El palacio estaba lejos de las calles y plazas, pero la atmósfera de fiesta era tan fuerte que en todo Montpellier no había nadie que no exultase por aquel gran indulto. Alguien, desbordante de alegría, corrió al monasterio de los padres franciscanos y se puso a tirar de las cuerdas del campanario para hacer sonar a fiesta las campanas. Otros hicieron lo mismo en el convento de los dominicos. El cielo era de un azul espléndido y todo brillaba como si fuera de oro. Parecía que hubiera llegado ya la mañana de Pascua. Juan llamó a Francisco, quien le explicó que todo aquel clamor había sido causado por los indultos. A la puerta misma del palacio se había presentado una multitud para agradecer aquel acto de misericordia.

—Mi señor —dijo Francisco—, el pueblo entero está frente al palacio. Hombres, mujeres y niños esperan poder dar las gracias a Vuestra Señoría por haber tenido misericordia. He intentado disuadirlos, pero insisten y los guardias no logran contener a todos los que quieren ser escuchados. Es una euforia irresistible. Hasta los padres franciscanos y dominicos están a las puertas del palacio, a la cabeza del pueblo de Montpellier...

Mientras tanto, Liberata participaba en sus habitaciones, junto con dos sirvientas que nunca se separaban de ella, de aquel clima de euforia omnipresente. Andaba de un lado a otro de la sala, intentando entender qué pasaba y esperando que, como siempre sucedía en ocasiones similares, llegase su marido, Juan.

—Bajaré enseguida al salón de recepciones oficiales —dijo el conde a Francisco—. ¿Por qué no voy a escuchar al pueblo?

—Pero, mi señor, es una gran muchedumbre y el salón no bastará para acogerla. Es todo el pueblo el que pide audiencia —osó replicar Francisco.

—Ordena, entonces, al comandante de la guardia que solo deje entrar a los representantes del pueblo, para que pueda escuchar lo que tengan que decir.

Francisco salió e hizo lo que se le había mandado, mientras el conde Juan se preparaba, ayudado por su mayordomo, para aquel encuentro improvisado con el pueblo. Se puso la peluca blanca, el jubón, el chaleco y la capa gris perla, que resaltaban la dignidad de su rango, al igual que su porte noble y delicado. Le hacía feliz que sus vasallos también se sintieran felices. Su misión era servir a los hombres para hacerlos mejores. Para eso había sido puesto al frente de un condado, para buscar el bien común sirviendo a su pueblo.

Los representantes del pueblo fueron conducidos al salón de las recepciones oficiales y pronto se fue escuchando en él un fuerte clamor. El mayordomo abrió la puerta que daba acceso al salón desde el interior del castillo, golpeó dos veces la punta de su bastón contra el suelo reclamando la atención de los presentes y el ruido se interrumpió al momento.

—El señor conde de Montpellier, Juan de la Cruz, y su señora esposa, la condesa Liberata.

El conde entró después de su querida esposa y ambos se sentaron en el escaño. El silencio era absoluto, como requería el protocolo, pero los rostros de aquellas gentes estaban radiantes y su silencio resultaba más elocuente que montañas de palabras.

El ceremoniero hizo una profunda reverencia vuelto hacia los condes, para alzar luego la cabeza, con movimientos lentos y elásticos, como si estuviera danzando.

—El pueblo os pide audiencia, mi señor conde. Sus representantes solicitan la palabra.

—Que hablen —respondió el conde.

Se adelantó fray Bernardo, de la orden franciscana. Se trataba de un hombre de apariencia arisca, alto y fuerte, forjado en los sacrificios y ayunos y templado en la doctrina. Era lo que se dice un hombre de fe. Cuando los franciscanos tenían que hablar en público o por escrito, acudían a él. Era italiano y había estudiado Filosofía y Teología en Roma, pero hablaba bien el dialecto local, por amor a aquel pueblo al que había sido enviado por la Orden del hermano Francisco.

—Hoy es fiesta en todo Montpellier, mi señor conde. No hay ninguna familia que no se regocije por el acto de misericordia que Vuestra Señoría ha querido llevar a cabo. El pueblo se siente afortunado de tener gobernantes tan misericordiosos y quiere haceros un ofrecimiento de frutos de la tierra y de su trabajo como signo de gratitud.

Mientras hablaba, señalaba los rostros radiantes y felices de los presentes, además de los enormes cestos repletos de todo tipo de frutos, pescados, quesos y todos los bienes de Dios que, entretanto, habían sido llevados al frente de la multitud.

Todos los presentes tenían aspecto de querer hablar largo y tendido. Muchos habían sido destinatarios de la generosidad de los condes en aquellos diez años de gobierno de la ciudad, porque la fe de Juan y Liberata los convertía en administradores hábiles y magnánimos.

Fray José, un padre dominico, se acercó también intentando tomar la palabra, pero el conde se le adelantó.

—Quiero daros las gracias a todos por el afecto que siempre me habéis manifestado, haciendo sencillo así el gobierno del condado.

Este acto de misericordia podéis entenderlo como una exhortación a que os reconciliéis entre vosotros, para que crezcáis y prosperéis juntos en esta tierra que Dios ha querido daros…

Los ojos del conde iban moviéndose por el salón como si estuvieran buscando algo y, cuando lo encontraron, se quedaron allí, en silencio, encontrándose con más y más pares de ojos. Algunos de ellos bajaron la mirada, porque había allí algunas familias de las tierras altas del condado que llevaban mucho tiempo enemistadas con otras familias de la costa. En las décadas anteriores se habían producido escaramuzas con sus correspondientes víctimas y, aunque habían pasado años, el asunto no se arreglaba. También había sucedido que algunos jóvenes de facciones opuestas se habían enamorado, pero habían visto frustradas sus intenciones y habían tenido que acudir a la intervención del conde y de su esposa. Todo aquello hacía sufrir mucho al conde y parecía hacer vana la predicación de los franciscanos y dominicos, presentes en gran número en Montpellier.

—Lo poco que tenéis, compartidlo y sed benévolos los unos con los otros —continuó, por fin, el conde, levantándose y avanzando hacia el pueblo—. Hoy no haremos fiesta, porque es Sábado Santo. Seguiremos el ayuno iniciado ayer y, en la vigilia de esta noche, rezaré por la reconciliación de los corazones de nuestro pueblo, por una reconciliación visible y palpable que garantice a todos la concordia en la fidelidad a Dios y al rey. Habéis dicho que queréis darme las gracias. ¿De verdad queréis hacerlo? ¡Dadme las gracias con vuestra reconciliación! La unidad de nuestro pueblo es la verdadera fuerza del condado y las divisiones son nuestra debilidad.

Fray Bernardo y Fray José se miraron durante un momento con una gran alegría, comprendiendo que no hacía falta que ellos dijeran nada más.

—Llevaos, pues, vuestros regalos y guardadlos bien hasta mañana, cuando, al alba del domingo de Pascua, haremos fiesta con un gran banquete de reconciliación. Andad ahora y rezad por mí y por mi esposa, para que Dios nos ayude en el gobierno del condado.

El silencio estalló en una algarabía y multitud de personas buscaban las manos del conde para besarlas de rodillas. Liberata, que había permanecido callada hasta entonces, se levantó también y tomó en sus brazos a uno de los niños que estaban cerca. Era un niño alegre y lleno de vida, de piel clara y cabellos rubios, que formaban un simpático flequillo sobre su pequeña frente. No llevaba más ropa que una camisola de cuadros y unos pantalones cortos azules y sus pies descalzos, fríos y sucios, trataban de calentarse frotando los ropajes de Liberata. La condesa, complacida, inclinó la cabeza para ver mejor el rostro del pequeño, que bajaba la vista, avergonzado, para sustraerse a aquellos ojos curiosos. Juan se volvió, los vio y se habría entristecido si Dios no le hubiese revelado que la felicidad verdadera no consistía en tener un hijo, sino en la comunión con quien es el Padre de todos los hijos.

CAPÍTULO IV: LA ORACIÓN DE TODO UN PUEBLO

El pueblo esperaba fuera del palacio mientras sus representantes salían del castillo, precedidos por fray Bernardo y fray José. Todos preguntaban qué había sucedido y por qué el encuentro con el conde había sido tan breve. Fray Bernardo relató a la multitud, con todo el aire de sus pulmones, lo que había acontecido y les explicó que la bondad del conde solo deseaba como regalo la reconciliación de los corazones de todas las familias de su condado. Asimismo, subrayó la devoción del conde, como hombre de fe que sabía combinar los deberes de gobierno con la visión de conjunto que deben tener los que han recibido responsabilidades públicas. Poco a poco, en el centro de la plaza, junto a la estatua de nuestra Señora de las Mesas[4] y alrededor de fray Bernardo y fray José, se fueron reuniendo otros frailes de ambas órdenes y también la muchedumbre, llena de curiosidad.

—¡Escuchadme, escuchadme bien! —dijo fray José—. El conde es un hombre de fe y magnánimo. Ha sido generoso con todos.

---

4   *Notre-Dame des Tables*, advocación tradicional de Montpellier y llamada así por las mesas de los puestos de mercaderes que había alrededor de la pequeña iglesia del siglo XI, dedicada a la Virgen. La iglesia actual tiene el título de Basílica menor.

¿Acaso hay alguien que se sienta traicionado o descuidado por él durante todos los años de su gobierno? Después de su acto de misericordia ha pedido que recemos por él y así lo haremos. Rezaremos por él y por su señora esposa, pero conviene que nuestra plegaria sea común, para que tenga más fuerza. Los condes, como sabemos, tienen una gran pena en el corazón y solo Dios puede escuchar sus súplicas y darles lo que necesitan. Ofrezcamos todos el ayuno de hoy y nuestra oración común, intercediendo por el conde y su señora esposa, para que Dios, si esa es su voluntad, les conceda un hijo. Unámonos a las oraciones de los condes. ¡Pasemos esta intención de boca en boca para que llegue hasta el último rincón del condado! Debemos rezar todos, también los niños, y ya veréis cómo Dios nos escuchará. ¿Qué os parece? ¿Estáis de acuerdo?

La multitud no respondió, porque no todos habían oído bien al fraile, en especial los más lejanos. Muchos se pusieron a preguntar a otros qué era lo que les estaba proponiendo. Entonces tomó la palabra fray Bernardo, explicando que se trataba de corresponder a la bondad del conde y preguntando de nuevo si todos estaban de acuerdo. Tenía una voz mucho más fuerte y, una vez que todos se hubieron enterado de lo que les proponían, la respuesta, proclamada a voz en grito, fue unánime: ¡sí!

—Muy bien —siguió fray Bernardo—. Esta noche, una hora antes del inicio de la vigilia pascual, cada uno de nosotros, dondequiera que esté, se arrodillará, alzará los brazos hacia el cielo y pedirá a Dios la gracia de que alegre la unión de nuestros queridos condes con el nacimiento de un hijo. Durante una hora rezaremos todos con determinación. Debemos enternecer a Dios, hacer que se conmueva e insistir como insistió aquella viuda del Evangelio, que, así, consiguió que el juez le hiciera justicia contra su adversario.

Mientras hablaba fray Bernardo, reinaba un gran silencio. Todos escuchaban con interés la propuesta, porque estaban deseosos de ayudar al conde Juan de la Cruz y a su esposa. El resto del día transcurrió en espera del momento previsto para la oración de intercesión por los condes y para la vigilia pascual que se celebraría a continuación. La iniciativa voló de un distrito a otro y llegó también a los oídos de Liberata, que se quedó perpleja, pero admiró la bondad de toda aquella gente. Su marido había tenido misericordia y, a cambio, recibía mucho más: la intercesión de todo un pueblo. Se acordó de los años que habían pasado esperando un heredero: las humillaciones, las ansias, el miedo y la angustia de una vida sin poder apoyarse en un hijo. Se sentía físicamente débil a causa del ayuno, si bien estaba acostumbrada a ayunar dos veces a la semana desde hacía diez años. Cada miércoles y viernes no probaba alimento alguno y así había vivido una especie de consagración a Dios para pedirle un hijo. Cuando por fin comprendió que se podía amar a Dios y su voluntad sin recibir un hijo a cambio, quiso mantener, en agradecimiento, el propósito de ayunar todos los miércoles y viernes durante su vida entera. Y así lo hizo. Por otro lado, en aquel Sábado Santo se sentía también más fuerte desde el punto de vista espiritual, porque presentía que se trataba un momento decisivo.

Juan se enteró de la iniciativa popular una hora antes de la vigilia pascual, cuando todo el pueblo se puso a interceder por él, e inmediatamente entró en la habitación en la que acostumbraba a rezar ante la imagen de nuestra Señora de las Mesas. Se sentó y cerró los ojos, mientras inclinaba la cabeza hacia atrás para apoyarla, como si quisiera encajarla entre los hombros. Sus labios susurraron las primeras palabras que le vinieron a la mente, aunque el aliento no le venía de la mente, sino más bien del corazón.

—Padre nuestro, que estás en el cielo… Tú que eres el Padre de todos nosotros, que todo lo sabes y todo lo escuchas…

Estuvo un rato así, con las manos apoyadas en las rodillas y ya sin hablar, como si quisiera escuchar a alguien que hablaba. Casi se durmió mientras su pecho subía y bajaba con cada respiración y el dolor de la artrosis en las manos le invitaba a permanecer inmóvil. Después de unos minutos, abrió los ojos y le pareció ver una figura neblinosa y confusa delante de él, al otro lado del candelabro colocado sobre el escritorio. Abrió y cerró los ojos un par de veces para ver mejor, pensando que era su imaginación la que le estaba gastando una broma, pero aquella blanca figura, borrosa excepto en la parte del rostro, seguía allí y le miraba fijamente, como si viniese de un mundo donde no existían las prisas. Juan hizo ademán de levantarse, pero la figura le indicó con la mano que permaneciera sentado y él, cada vez más asombrado, obedeció. Los dos seguían mirándose y Juan no conseguía pronunciar ni una palabra, pero sus ojos no dejaban de hablar y preguntar. Si bien sentía una profunda paz interior y sus miembros estaban completamente relajados, su espíritu viajaba hacia los espacios infinitos del absoluto. El extraño personaje hablaba, a pesar de que su boca seguía inmóvil, con los labios apretados. Juan sintió que podía ver su propio interior con una mirada celestial y escuchó claramente una voz retumbante:

—Alégrate, Dios te ha escuchado y tu plegaria ha llegado a Él. Tendrás un hijo.

Juan inspiró, hinchó los pulmones y cerró los ojos un instante, como preparándose para decir algo, pero el personaje ya no estaba allí. El conde se levantó de su asiento y rodeó el escritorio, mirando presuroso de un lado a otro, examinando las paredes y buscando por todas partes, pero no encontró nada. Volvió a cerrar los ojos y se palpó la frente con la mano derecha mientras se sentaba de nuevo, intentando encontrar una explicación a todo lo que había visto y sentido. Estaba estupefacto. ¿Qué había pasado? ¿Estaba empezando a tener alucinaciones? El deseo de tener un hijo, un deseo que creía haber dominado, le estaba jugando una mala partida. ¿Un hijo? ¿Ahora que tenía ya tantos años y que Liberata tampoco era joven? No, solo podía ser un sueño, sus deseos que le hacían perder la razón. Se quedó un rato con la mirada perdida en el vacío y después decidió que no le contaría a nadie lo que le había sucedido, porque incluso a él le parecía imposible. Quizás a veces la fantasía se confundía tanto con la realidad que no era posible distinguirlas, pensó.

Aquella noche de Sábado Santo fue muy especial en Montpellier. Nadie permaneció indiferente ante la propuesta de fray Bernardo. Una hora antes de la vigilia, todos, incluidos los niños, oraron juntos en una gran petición de gracia y parecía que incluso los animales se unían también a todas aquellas rodillas hincadas en tierra. Hacia el cielo se elevó una intercesión silenciosa que llegó a los oídos de Dios como un auténtico clamor. Era como si multitud de raudas flechas se alzasen desde aquella tierra del sur de Francia hacia el cielo de los cielos, donde solo llegan los gemidos de los humildes, los últimos y los desdichados, que siempre son escuchados cuando hablan con el corazón en la mano, como solo ellos saben hacerlo. Dios escuchó la petición, se complació en ella y concedió la gracia pedida, trazando con el dedo el camino que habría de seguir el niño que, pensado ya por Él, iba a empezar a existir. Aquella vigilia pascual fue memorable ya que, con los aromas del incienso, subían palabras de oro hacia los oídos atentos de Aquel que todo lo puede, porque nada es imposible para Dios.

CAPÍTULO V: A LA ESPERA DEL HIJO

Habían pasado un par de meses desde aquella noche de oración, aquella *noche santa* en la que hasta las piedras habían cantado suplicando a Dios. Era el mes de mayo y Liberata paseaba con dos doncellas por el gran jardín que había frente al castillo, deteniéndose a ratos, admirada, para contemplar tantísimas flores violetas que parecían reclamar su atención. Eran flores minúsculas, que aún no se habían abierto del todo y cuyo color violáceo se iba haciendo cada vez más intenso y resplandeciente. Después, Liberata apartó la mirada y la volvió hacia el mar, como si quisiera fundirse con aquella luz que el sol regalaba generosamente a manos llenas. Al cabo de un rato, sintió un mareo y se detuvo, tratando de mantener el equilibrio. ¿Qué le estaba sucediendo? Miró a su alrededor y le pareció que todo giraba en torno a ella. Por fin entendió lo que pasaba y se llevó instintivamente la mano derecha a la frente, como para protegerse. Respiró profundamente y el oxígeno puro de aquellos árboles la alivió e hizo desaparecer aquella extraña sensación. A decir verdad, unos días antes le había sucedido algo parecido, pero no le había dado importancia ni se lo había dicho a su marido. ¿Por qué preocupar a Juan contándole algo que sería pasajero? Se aseguró de que las doncellas no se enterasen de nada, pero, en su corazón, decidió consultar al médico, quizá cuando Juan se fuera de caza. Aprovecharía para preguntarle alguna otra cosa al doctor. Su ciclo mensual comenzaba a hacer cosas raras, probablemente porque pronto ya no sería capaz de tener hijos y el cambio le estaba dando problemas. Volvió a casa y se sentó para pensar un poco en sí misma y en aquellas señales de alarma que la inquietaban. Odilia, la querida doncella que la servía desde hacía tantos años, se dio cuenta de que algo no iba bien y, con gran respeto, hizo notar su señora que sus ayunos eran demasiado drásticos y era un exceso ayunar por completo dos veces a la semana. Aquel día era miércoles y Liberata, por toda respuesta, esbozó una efímera sonrisa, mientras una ligera capa de sudor frío se vislumbraba en su rostro, como la escarcha matutina en las hojas durante la primavera. Odilia no entendía que aquellos ayunos no le costaban en absoluto, porque eran un carisma, un regalo que Dios le había dado. Para Liberata, se trataba del signo de una intensa vida interior, el anticipo de una vida superior que ya se hacía presente. Era un secreto que había guardado con cariño durante muchos años y la servidumbre tenía orden de no hablar de ello a nadie, para que, en la medida de lo posible, siguiera siendo su secreto. Aunque aquellos pensamientos ocupaban su mente, empezó a abrirse paso una sensación de vacío y, después, de náuseas. Sentía olores extraños o, al menos, como si todos los olores hubieran cambiado.

—¡Qué extraño! —pensó.

Al cabo de unos momentos, hizo ademán de vomitar, a pesar de que quien ayuna no tiene nada que vomitar. Odilia se dio cuenta del estado en que se encontraba su señora e indicó a la otra doncella que llamara al médico mientras ella sostenía a la condesa y la ayudaba a llegar a un sillón, donde hizo que se sentara y le dio aire con un gran abanico. Liberata tenía los ojos cerrados y, apoyando la cabeza, se desmayó.

—¡Dios mío! —gritó Odilia—. ¡Señora condesa, despertad!

Habría querido correr a pedir ayuda, pero no osaba dejar sola a su señora, que tan bien se había portado siempre con ella, porque no quería que el señor conde se enfadase. Fueron momentos de angustia, hasta que Liberata se recuperó y la tranquilizó. Estaba bien... pero aquella sensación de náuseas, aunque algo mitigada, seguía molestándola.

—He mandado llamar al médico, señora condesa. Es mejor que os metáis en la cama. Llegará enseguida —le dijo Odilia.

—No es nada, no es nada. No hay que alarmarse.

Llegó el médico, un hombretón grueso y fornido, cuyos hombros anchos y su bigote en punta le daban un aire tranquilizador de solidez, que impulsaba a confiar en su conocimiento de la ciencia médica

—¿Qué os sucede, señora condesa?

—No me encuentro bien, me siento extraña —respondió Liberata.

—Metámosla en la cama, rápido —dijo el médico a Odilia—. ¡Y ve a buscar al conde!

Mientras llegaba Juan, el doctor Perpiñán, catedrático de la universidad de Montpellier y médico de confianza de las mejores familias de la ciudad, empezó a hacer preguntas a Liberata, pidiéndole que describiese cualquier síntoma extraño. Rápidamente se hizo una idea de la situación, pero, teniendo en cuenta la esterilidad de Liberata y su edad bastante avanzada, no se atrevía a aceptar el diagnóstico que le había venido a la mente. Después de una pausa, llamó a Odilia aparte, en otra sala, y le indicó que preguntara a su señora si había tenido su ciclo mensual, porque no resultaba correcto que se lo preguntara él. Mientras tanto, llegó el conde y, preocupado, preguntó al buen médico cómo estaba su esposa.

—La he observado y escuchado. Los síntomas de los que me ha hablado me han dado una idea...

—¿Qué idea, doctor? No me tengáis en ascuas.

—Un momento más. Necesito saber una última cosa.

—¿Qué cosa?

Antes de que pudiera responder, Odilia salió de la habitación de su señora y su mirada se cruzó con la de Perpiñán.

—¿Entonces? —preguntó el médico.

Odilia bajó la mirada con sensación de vergüenza, porque, además del médico, también estaba presente el conde.

—No ha tenido lo que suelen tener las mujeres y han pasado tres meses desde la última vez —dijo por fin.

—¡Estupendo! —exclamó Perpiñán, mientras Juan empezaba a perder la paciencia.

—Doctor, ¿qué enfermedad tiene mi esposa?

Perpiñán lo tomó del brazo y lo condujo sin prisas a la cabecera de Liberata, que parecía ya más tranquila, mientras decía:

—Mi querido señor conde, vuestra esposa no está enferma. ¡Simplemente está esperando un niño!

—¿Esperando un niño? ¿Es eso posible?

—¡Sí!

Esa vez fue Juan quien palideció. Le parecía que el mundo se hubiese detenido, entre otras cosas porque él mismo había dejado de respirar. Enseguida se recuperó lo suficiente para acercarse a Liberata, tomarle la mano y apretarla contra su mejilla, como si fuera él quien necesitase cuidados.

Fue un día muy especial para Juan. Dios le había escuchado y le había mostrado que era el Señor de la vida. Había aceptado las oraciones de aquella multitud de intercesores y estaba concediendo lo que habían pedido. La noticia voló en alas del viento y llegó rápidamente a todos, llevando con ella gozo y alegría. El hecho mismo de poner el pensamiento en Dios ya resulta fecundo y todo el mundo había presenciado una prueba de ello.

CAPÍTULO VI: EL NACIMIENTO DE ROQUE

Juan y sus parientes permanecían en pie junto a aquella puerta blanca, esperando noticias. Para el parto de Liberata, habían llegado también sus propios parientes de Lombardía. Su madre, sus tías y sus primos habían afrontado de buen grado las incomodidades del viaje con tal de estar cerca de Liberata y de Juan en el momento en que se cumpliera tan esperada dicha. Los dolores de parto de Liberata habían comenzado en las primeras horas de la noche. Era el principio de un auténtico calvario, con dolorosas punzadas y contracciones que parecían no tener fin. Habían pasado muchas horas desde el inicio de las señales de que se acercaba el parto, asistido por dos médicos con la ayuda de Odilia y la otra doncella. Mientras tanto, Juan, a pesar de que era diciembre, sudaba como si fuera él quien tuviese que dar a luz y parecía que estuviera esperando el fin del mundo, caminando sin parar de un lado a otro. Cada rato detenía un momento su ir y venir para mirar fijamente el techo y, después de haber llenado sus pulmones con nueva savia, volvía a caminar, aún más nervioso que antes. Otras veces fijaba la mirada en el rostro de alguno de los presentes de forma tan intensa que parecía querer leer en sus ojos lo que estaba sucediendo detrás de la puerta blanca. Francisco, su fiel secretario, lo contemplaba tímidamente, recordando lo nervioso que había estado él durante el nacimiento de su propio hijo.

Acurrucado en una silla, como un bebé, observaba discretamente a su señor. Para él, que solo era un sirviente, constituía un gran honor estar allí con los parientes de los condes, porque normalmente los criados no permanecían junto a sus señores en momentos tan delicados. Por su parte, Juan se sentía prisionero de su propia impotencia al no poder nacer nada mientras oía gritar a su Liberata por los dolores del parto. A ratos eran verdaderos alaridos, seguidos de silencios que le producían auténtica angustia. El pobre Juan sudaba porque, por primera vez, no podía dominar o, al menos, controlar lo que estaba sucediendo. Francisco nunca lo había visto tan débil, frágil e impotente. Lo único que podía hacer era esperar. Hubo un momento en que se precipitó contra la puerta, dando dos o tres fuertes golpes en ella con las palmas de las manos, preguntando en voz alta:

—Pero ¿qué es lo que están haciendo con ella?

—Calmaos, mi señor, ya falta poco —le respondió Francisco, tomándolo del brazo derecho—. Ya veréis cómo todo irá bien.

Juan se controló, pidió disculpas a los presentes, miró a su alrededor y se sentó, exhausto también él. Cerrando los ojos, de algún modo le pareció vislumbrar a su madre que lo protegía y fue entonces cuando apareció en su mente la idea liberadora a la que llega todo hombre cuando escucha finalmente a su propia conciencia: estamos en manos de Dios. Se sintió liberado de la angustia que lo había dominado desde los primeros dolores del parto de su esposa, mientras se preguntaba qué pasaría si Liberata muriese en el parto. Lo cierto es que muchas mujeres morían al dar a luz y a menudo no solo moría la madre, sino también el hijo. ¿Y si eso mismo fuera a sucederle a él? ¿Cómo podría seguir viviendo? Quizá Dios quería castigarle por haber pedido un hijo con tanta insistencia, hasta el punto de haber implicado en su petición a todo el pueblo de Montpellier, como si con ello quisiera poner trabas a la voluntad de Dios, sometiéndola a su propio deseo egoísta de tener un hijo.

—¡Dios me quiere! —se dijo, entonces—. Lo que me suceda, será para mi bien. Dios es mi padre y no me abandonará. ¡Que se haga lo que Él quiera!

Mientras aquella batalla de pensamientos sacudía su mente, le pareció oír un llanto.

—Debe de ser el hijo de Francisco, llorando —pensó.

Estuvo a punto de levantarse para seguir paseando de un lado a otro de la sala, como llevaba horas haciendo, pero no tuvo tiempo, porque la puerta blanca se abrió.

—Ha nacido. ¡Es un varón! —anunció Odilia, con rostro resplandeciente.

Juan se secó el sudor que le caía por la frente hacia los ojos y se levantó de un salto con nuevas fuerzas.

—¿Cómo está mi esposa? —preguntó a Odilia, aferrando sus brazos.

—La señora condesa está bien. ¡Todo ha ido bien!

—¿Y el niño? ¿Cómo está el niño?

El doctor Perpiñán apareció por la puerta y se acercó, muy contento, a Juan.

—¿El niño también está bien? ¿Por qué lloraba?

—Podréis verlo en unos minutos.

—Dejadme entrar —le apremió Juan.

—Solo tenéis que esperar un poco más, mi señor conde. El niño lloraba precisamente porque está bien. La primera vez que el aire entra en los pulmones de un recién nacido provoca una sensación dolorosa. Si el niño llora, eso significa que todo va bien.

Pasaron los minutos y, mientras Juan recibía felicitaciones y abrazos, la noticia llegó a la multitud reunida en el exterior del castillo, que estalló en gritos de alegría. A fin de cuentas, aquel bebé era, en cierto modo, hijo de todos, porque todos habían invocado a Dios en una *noche santa*.

Juan pudo entrar finalmente en la habitación de Liberata, donde la encontró serena, sonriente y tranquila.

—¿Has visto al niño? —preguntó la condesa.

—Todavía no —respondió Juan.

—Es guapo. ¡Muy pequeño, pero muy guapo!

—Claro. Es Dios quien nos lo ha dado.

Juan estaba ya calmado, pero, ante todo, lo que lo tranquilizaba era ver a Liberata tan serena.

—Hemos recibido un hijo del Señor. ¡Bendito sea el Señor! —dijo Juan—. Lo llamaremos Roque, que viene de roca, para que sea fuerte y sólido. Su nombre será un plan para su vida. Dios quiera que sea fiel a nuestra fe, ya que por fe ha nacido.

Odilia trajo al niño y se lo entregó a Juan, quien al principio tenía miedo de cogerlo en brazos, por si acaso le hacía daño. Se sentía demasiado torpe y bruto para tener en sus manos aquel ser tan delicado, que abría de vez en cuando los ojos durante unos instantes y después los cerraba de nuevo, como si le molestaran las luces. El pequeño se puso a llorar mientras Juan lo sostenía, fascinado, con la palma de la mano derecha, acariciando a la vez con el índice de la izquierda aquella manita que, a ratos, agarraba su dedo, tan grande en comparación con el niño. El padre contó los deditos, cinco en cada mano; le miró los ojos y las orejas, la barbilla y los pies. Todo parecía estar en su sitio.

—Yo, que, durante toda una vida, no he sido capaz de engendrar un hijo, ahora, porque Dios lo ha querido, he tenido un hijo perfecto —pensó para sus adentros, sonriendo y mirando de nuevo al niño y a su madre.

¡Estaba claro que aquel hijo era hijo de Dios!

CAPÍTULO VII: LA CRUZ EN EL PECHO

Odilia se levantó muy temprano, aunque había dormido poco porque había cuidado de su señora durante todo el día anterior. Aún estaba muy fatigada, pero tenía que ocuparse del niño, aquel niño que le parecía también un poco suyo. Entró en la habitación de su señora evitando hacer ruido y miró a su alrededor. Al ver al niño, experimentó una profunda alegría. El pequeño dormía satisfecho, bien caliente y fajado con blancos paños de lana fina. Odilia lo contempló y se sintió feliz y maravillada de aquella vida que había llegado a la casa solo tres días antes. Se aseguró de no despertar a Liberata y salió en silencio de la habitación, dando gracias en su corazón a Dios, que había respondido a las plegarias de todo un pueblo. Le vino a la mente el salmo que decía: "tú eres mi hijo, yo te he engendrado hoy".

No pasó mucho tiempo antes de que tuviera que volver junto a Liberata.

—Buenos días, mi señora. ¿Habéis dormido bien? ¿Habéis podido descansar?

—No he dormido mucho, pero estoy muy feliz. Si pienso en las penalidades del parto y los dolores… Pero hoy me basta mirar a mi niño para olvidarlo todo. ¡Mereció la pena!

Mientras hablaba, sus ojos se posaban en el pequeño, como para acariciarlo. La madre y la hermana de Liberata entraron en la habitación y compartieron su felicidad y su agradecimiento a Dios. El pequeño Roque empezó a llorar, recordando a todas que no solo estaba allí, sino que además sabía hacerse oír. La madre de Liberata lo tomó en brazos, complacida, meciéndolo un poco para calmarlo y el niño, sintiendo su afecto, se tranquilizó.

—Tendrá hambre —dijo la mujer, colocando al bebé junto a su madre, que, mientras tanto y ayudada por Odilia, había descubierto uno de sus senos.

Era muy raro: el niño no quería comer. Por mucho que lo intentara, Liberata no lograba que mamase. Todas se extrañaron, porque, incluso si no bebe la leche, un recién nacido suele sentirse atraído por el seno de su madre, que lo calma y hace que se sienta protegido.

—Será que no tiene hambre. Ya verás como dentro de poco cambiará de idea —dijo la abuela del pequeño.

Liberata pensó que quizás el niño no estuviera bien y hubiera que llamar al doctor Perpiñán o quizá solo se tratase de un exceso de preocupación. A fin de cuentas, En los días anteriores, había tomado regularmente la leche materna, incluso cuando solo hacía unas horas que había nacido.

La madre de Liberata animó a su hija a que comiera alguna cosa. Una mujer que había dado a luz hacía poco tiempo debía comer para así producir leche para el niño, pero Liberata retrasaba el momento de comer, recordando que aquel día era miércoles y hacía diez años que ayunaba todos los miércoles y los viernes. Le vino a la mente que el voto que había hecho podía considerarse cumplido ahora que ya había nacido el niño y, por lo tanto, no habría problema en que comiera. Al final, sin embargo, prefirió seguir ayunando todos los miércoles y viernes de su vida como signo de gratitud hacia el Señor y para pedirle que protegiera a su hijo y lo escogiese para una misión de servicio a los hombres. De todos modos, no le contó a nadie su propósito y prefirió guardarlo en su corazón. Ante todo, deseaba compartir secretos con Dios, a quien había rezado desde la infancia, aunque durante largos años le había parecido sordo y ciego, porque no sentía ni comprendía su profundo designio en relación con aquella humillación de no tener un hijo. Le vino a la mente aún más lo que había descubierto: Dios es la primera causa de todo y, para atraer a todos hacia sí, se hace pasar por sordo y ciego, aunque oye y ve. La fe de Liberata se había hecho más profunda gracias a aquel sufrimiento, al escándalo de aquella cruz.

De la misma forma, con la negativa del pequeño a mamar, estaba aprendiendo que aquel hijo no era del todo y solo suyo, y que no podía protegerlo de todo lo que pudiera hacerle daño. De las enfermedades, por ejemplo. Que el niño rechazase el pecho la iba preocupando más y más a medida que avanzaba el día. Cuando llegó la noche sin que hubiera querido tomar nada de leche, Liberata pensó que podía tratarse de algo verdaderamente grave. El pequeño había dormido todo el día y no había llorado más que un momento, muy pronto por la mañana. Al día siguiente, le diría a Juan que llamara al doctor Perpiñán y, si fuese necesario, a otro médico y después a otro más. El niño, sin embargo, estaba dormido a su lado, como si hubiera comido. Durante todo el día no se había quejado ni se había mostrado molesto en absoluto. Era muy raro. Al anochecer, sus parientes se retiraron para dormir y Liberata quiso quedarse sola con Odilia porque necesitaba hablar con ella sobre sus dudas y temores. La doncella escuchó a su señora y se preocupó mucho, por algo que Liberata no sabía.

—¿Qué piensas, Odilia? ¿Rechazaron el pecho tus hijos alguna vez, cuando eran recién nacidos? Y, sobre todo, ¿alguno estuvo un día entero sin llorar?

Odilia no respondió y bajó la mirada, mientras sus ojos parecían viajar entre la cuna del niño y el suelo. Liberata insistió y Odilia tuvo que responder con un tímido "no". Siguieron más silencios, intercalados con más preguntas del mismo tipo y respuestas evasivas. Liberata notó que Odilia tenía algo que decir y le ordenó que soltara lo que llevaba dentro.

—¡Creo que le pasa algo raro al niño, mi señora!

—¿Qué? —exclamó Liberata, levantándose del lecho con sorprendente energía.

—Cuando nació, el doctor Perpiñán me lo entregó y noté una extraña mancha roja, en forma de cruz, sobre su pecho. Lavé enseguida al niño, pero cuanto más lavaba, más se veía la marca. En los tres días desde entonces, me he ocupado de la cicatrización del cordón umbilical, pero, al lavar al niño, la cruz roja sobre el pecho cada vez se ha ido haciendo más evidente.

—¡Enséñamela! —mandó Liberata con un tono que no admitía réplica.

—Pero…

—¡Enséñamela!

El niño dormía colocado sobre su costado derecho y a Odilia le pareció una crueldad tener que despertarlo, pero su señora no admitía réplica y extendía ya las manos hacia el bebé. Lo tomó con elegancia y lo apoyó en la cama, contemplándolo y pensando en lo que iba a hacer. El niño se despertó, pero no se quejó de la curiosidad de su madre, sino que sus labios esbozaron una sonrisa de paz, como si él mismo quisiera revelarle una identidad oculta. Los dedos de Liberata apartaron poco a poco los paños que envolvían al niño, sin que este se molestara ni opusiera ninguna resistencia, hasta que su pecho quedó al descubierto. Liberata abrió mucho los ojos y contuvo la respiración durante unos instantes, en los que le pareció que el mundo se hubiera detenido.

—¡Oh…, Dios mío!

El niño tenía la piel clara, pero esa palidez resaltaba aún más la cruz que tenía en el pecho, una cruz rojo bermellón, del color de la sangre, que parecía presagiar algo que iba a suceder. La cruz dividía aquel pequeño torso, como si lo quebrase en cuatro partes. Superado el desconcierto inicial, la madre tocó con las yemas de los dedos aquella piel más roja, intentando descubrir su secreto, pero no había nada de extraño más que el color similar a la sangre. Liberata miró y remiró al pequeño, explorando cada rincón de su piel en busca de una explicación, pero cuanto más observaba aquella extraña marca en forma de cruz sobre el pecho de su hijo, menos podía creer en su existencia.

—¿Y si solo fuese una marca de nacimiento? A veces, la piel delicada de los recién nacidos tiene colores que, cuando pasa el tiempo, desaparecen —sugirió Odilia—. El segundo hijo de una prima mía, cuando nació, tenía una marca en forma de fresa en uno de sus bracitos. La gente decía que, durante el embarazo, la madre había tenido un antojo de comer fresas, pero no había podido hacerlo.

Mientras escuchaba a su doncella, miles de pensamientos se sucedían unos a otros en la mente de Liberata a velocidad vertiginosa. ¿Podría ser un síntoma de una enfermedad desconocida? Quizá era el presagio de una nueva forma de peste… El niño no comía… ¿Estaría luchando contra la enfermedad?

—Ve a llamar al señor conde —ordenó por fin Liberata, que se sentía completamente desamparada.

—¿Al señor conde?

—Sí.

—Pero… ya hace un rato que se ha hecho de noche. ¿Debo llamar a la servidumbre para que alguien vaya a despertar al señor conde?

Liberata la fulminó con la mirada y con una expresión que no admitía contestación, así que Odilia entendió que no servía de nada plantear más objeciones, hizo una breve inclinación y salió.

La condesa se quedó sola con el pequeño y su misterio en brazos. Lo estrechaba como si quisiera unirlo de nuevo a su propio cuerpo y ligarlo indisolublemente a su propio destino. Aquella cruz le parecía un enemigo al que había que aplacar y lágrimas silenciosas surcaban sus ojos como pequeños arroyos centelleantes. ¿Tendría que sufrir su niño como nuestro Señor? ¿También él debería morir? ¿No bastaba con la muerte de Jesús en la Cruz, que se había sacrificado para nadie más tuviera que morir? ¿O quizá aquella cruz era un signo de su propia falta de fe, porque estaba idolatrando a aquel hijo hasta el punto de ponerlo por encima de Dios? ¿Era por eso por lo que Dios había colocado su propia marca en el pecho de su hijo?

Aquella noche, también el conde Juan de la Cruz contempló la marca que Dios había puesto en el niño, que era suyo, y vislumbró, también él, el gran misterio que es la vida de un hombre. Imaginó cómo serían los años siguientes de aquel pequeñuelo, sabiendo que, cuando él no pudiera protegerlo, sería Dios quien lo protegiera. Aquella noche Juan aprendió que los hijos pertenecían a Dios, más que a ningún otro, y que solo eran encomendados a los padres durante un tiempo. De todas formas, al día siguiente consultaría a los mejores médicos del condado, porque si un niño no comía, se moriría y su hijo no debía morir.

CAPÍTULO VIII: ALGUNAS SEMANAS DESPUÉS

Pasaron las semanas y la extrañeza de aquel primer miércoles se repetía. Todos los miércoles y todos los viernes, el niño se negaba a tomar el pecho y cualquier tipo de alimento. El doctor Perpiñán aseguraba que el pequeño estaba sano como una pera, pero no sabía cuál era la razón de que, dos veces a la semana, dejara de nutrirse. Aunque la abuela intentó varias veces darle un poco de agua tibia, el niño la rechazaba. De todos modos, no parecía sufrir por aquellos ayunos. Liberata entendió por fin que aquel rechazo de la comida estaba relacionado con sus propios ayunos, como si el niño se uniese a la madre en su gratitud y agradecimiento a Dios. Los demás días de la semana, comía regularmente y estaba más activo y despierto que nunca. Cada día, el doctor Perpiñán lo visitaba y, sobre todo, anotaba el peso del bebé, que no solo no perdía peso, sino que engordaba diariamente, incluso en los días en que no mamaba. Parecía imposible y varias veces cambió aquella vieja balanza que había usado desde hacía tantos años, pero el resultado siempre era el mismo. Excepto durante los primeros diez días de vida, en los que es normal que el peso disminuya, el bebé iba creciendo sano y fuerte.

—¡Es verdad que no solo de pan vive el hombre! —pensó Liberata—. Para que un hijo crezca sano y robusto lo que cuenta es el amor. Por lo demás, basta un poco de alimento, el necesario para vivir.

Qué necia le parecía tanta gente que había conocido a lo largo de su vida.

—Muchos piensan que la vida es una panza, una enorme panza, y que la misión que tienen en la vida es llenar esa panza y para eso se afanan, se preocupan y hacen proyectos y cálculos, hasta el punto de maldecir a quien ose obstaculizar esa supuesta misión. Lo cierto es que la verdadera vida viene de la intimidad que se tiene con Dios, que alimenta también a los gorriones del cielo y viste a los lirios del campo. ¡La vida de un hombre vale más que la de cuatro gorriones o que las hierbas del campo!

Así reflexionaba Liberata en su interior. Miraba los ojos del niño y veía el misterio de la vida, más allá de su propio hijo, como si las pupilas del pequeño fueran dos minúsculos agujeros que le permitieran contemplar otro mundo en el que Dios podía percibirse y verse como el motor que lo mueve y lo mantiene todo. Era algo estupendo y aquella extraña marca en forma de cruz que tenía su hijo en el pecho ya no la preocupaba tanto.

—En el fondo, el autor de la vida siempre deja su marca en todo lo que le pertenece, porque todo ser humano está hecho a imagen de Dios, que dignifica y eleva todo lo creado —pensaba, concluyendo que la marca de Roque sería también un signo de pertenencia a Dios.

Liberata había pedido tanto a Odilia como al doctor Perpiñán que no hablaran con nadie sobre aquella cruz que su hijo tenía marcada en el pecho. Debía quedar como un secreto entre ellos y Dios, sobre todo teniendo en cuenta que la cruz no causaba ninguna molestia al niño.

El día del nacimiento de su hijo, Juan había sentido como si hubiera nacido de nuevo. Desde entonces, se había olvidado de sus propios achaques, aquellos dolores en las manos y mareos que antes tanto le habían preocupado. Toda ocasión era buena para correr a ver a su pequeño. Liberata le tomaba el pelo con afecto, regañándole como si el niño fuera él. Era una sensación fantástica sentirse padre. Se sentía importante por haber colaborado con Dios en un misterio tan grande, que, a través de él, había trascendido su propia vida y la de Liberata. El mismo día del nacimiento había querido que se bautizara al niño y se había propuesto darle a conocer personalmente el infinito amor de Dios, como su propio padre lo había hecho con él. Imaginaba ya el futuro, cuando pudiera llevar al pequeño al mar, para enseñarle a bogar y a pescar. Le enseñaría también a montar a caballo y a luchar con la espada, a ser leal y recto, a no ser injusto con nadie y a cuidar de los pobres... Después, se aclaraban sus pensamientos y se recordaba a sí mismo que el futuro no nos pertenece a los hombres.

CAPÍTULO IX: INFANCIA Y EDUCACIÓN

El niño crecía sano y fuerte, a pesar de los dos ayunos semanales, y fueron pasando los días, los meses y los años. Liberata lo llevaba por los caminos de la zona al sur de la ciudad, para dar largos paseos y, por la tarde, le contaba cuentos con cariño y le cantaba canciones mientras él se mecía en el columpio que su padre había querido construirle personalmente. En aquellos momentos, la madre aprovechaba para relatarle episodios de las Florecillas de San Francisco de Asís y el pequeño Roque escuchaba con gran interés y hacía tantas preguntas que a su madre le resultaba difícil responderlas. Más tarde, cuando llegaba Juan, frente al fuego de la chimenea se contaban historias de carácter caballeresco, que describían un mundo de damas, infantes y caballeros en el que los valores morales eran los protagonistas. A menudo, Juan terminaba relatando cuánto habían aguardado el nacimiento de Roque y cuánto habían rezado a nuestra Señora de las Mesas, tan venerada en Montpellier. Así, Juan fue sembrando en el corazón de su hijo la semilla de la fe, explicándole la larga marcha del pueblo elegido por Dios hacia la tierra prometida, además de la vida de Jesús y sus enseñanzas, con una insistencia especial en los milagros y las parábolas. Todos los días, el niño esperaba aquellos relatos con auténtica hambre de saber y así la virtud fue creciendo en él desde su más tierna infancia. Le fascinaba el Cristo sufriente que, sin exigirnos nada a cambio, había muerto por las culpas ajenas y había resucitado para el bien de todos, mostrando un camino nuevo que era un regalo. Aquellos relatos despertaban en el pequeño discípulo de Juan la piedad y la confianza en la Virgen María, que a su vez lo impulsaban hacia la caridad. En muchas ocasiones, a pesar de su corta edad y queriendo imitar a San Francisco, tomaba alimentos de la despensa de su casa para dárselos secretamente a los pobres. Odilia se dio cuenta de que faltaban cosas en la despensa y se lo contó a su señora. Tras las debidas indagaciones, descubrieron que era el pequeño Roque quien sacaba muchas cosas de la despensa con el fin de entregárselas secretamente a otros niños de su edad, para que se las comieran con sus familias. Con lo que le contaban sus padres, Roque había recibido las semillas del amor a Dios, que se hacía una sola cosa con el amor al prójimo. Muchas veces, Liberata lo encontraba por la noche de rodillas junto a su cama, con los bracitos alzados hacia el cielo y se preocupaba un poco al pensar si su hijo no estaría tomándose demasiado en serio lo que le contaban. Lo cierto era que el niño no solo seguía ayunando dos veces por semana, sino que también se imponía otras penitencias para educar su voluntad.

Liberata y Juan quisieron ocuparse personalmente de la primera educación de su hijo, a pesar de que, normalmente, en las familias nobles esa tarea se asignaba a preceptores. Cuando terminó su primera infancia, el chico mostró una gran inclinación a aprender, para lo cual mostraba un don innato. A los cinco años conocía ya desde hacía tiempo el alfabeto y, con ayuda de un maestro, comenzó muy pronto a leer, a hacer cuentas y a recibir lecciones de latín. Quería aprender esa lengua para poder leer lo antes posible personalmente el Libro de los Salmos, que le fascinaba, y las Florecillas de San Francisco, su santo preferido. También le gustaban las fábulas de Esopo y de Fedro. A medida que el niño iba creciendo, le fascinaba cada vez más la piedad de los franciscanos y dominicos, que llevaban mucho tiempo en la ciudad. Entre los jóvenes que frecuentaban aquellos ambientes de oración, hizo amistad con numerosos hijos de los nobles de la ciudad. En particular, se hizo muy amigo de María, con la que cantaba en el coro de los franciscanos.

A través de los relatos de sus padres, conoció la desconcertante realidad de la enfermedad que con el tiempo quedaría asociada a su nombre en la mente de los hombres: la peste. Aquel terrible flagelo había diezmado a los habitantes de Montpellier y de toda Europea en varias ocasiones. Una tarde se sintió muy impresionado por el relato que le hizo su padre de la última epidemia mortal que había afectado a la ciudad y a toda Francia apenas una docena de años antes, decimando la población de Montpelier en solo unos meses.

—En la ciudad y los campos, un jinete negro llevaba la muerte y el terror a todas partes: un terrible mal que, en unos pocos días, llevaba a la tumba a personas de todas las condiciones sociales y todas las edades. Nadie sabía cómo detenerlo. Las gentes tenían miedo de salir a la calle, aunque sabían que tampoco estaban seguras tras los muros de sus casas. La ciencia había demostrado su impotencia al ser vencida en todos los frentes y una vez tras otra. Todos estaban a merced de un enemigo implacable e imbatible, hambriento de vidas humanas. Nadie osaba acercarse a socorrer a los moribundos, porque el contagio aterrorizaba a los más valientes. El jinete negro, abiertas las fauces, devoraba una vida tras otra y engrosaba su botín sin cesar…

Roque, sentado junto a la lumbre, miraba a su padre con la barbilla apoyada en las manos, los ojos como platos y la boca abierta, aturdido por lo que había escuchado.

—Pero, papá, Dios es más fuerte que esa enfermedad misteriosa…

—Así es, pero, por un misterioso designio, un motivo que ninguno de nosotros conoce, Dios permitió que actuara aquel jinete negro, aunque sabemos que será vencido en la última batalla —le contestó Juan, con una voz ronca y cálida—. Mi propio padre murió dándome testimonio de que se podía morir en paz, aceptando la muerte para despertar en el Paraíso donde no hay enfermedades ni dolores, donde nos encontraremos de nuevo un día. Mi padre, tu abuelo, se durmió en el Señor...

Mientras hablaba, Juan se acercó a su hijo, lo tomó en sus brazos y lo llevó hasta la ventana, invitándole a que mirara el cielo. Era un cielo de color negro azulado, con tonalidades casi imperceptibles que denotaban que, allá arriba, debía de haber alguna luz. Las estrellas, tan numerosas en aquella noche invernal, así parecían querer afirmarlo.

—Mira hacia arriba: en algún lugar está nuestra verdadera patria, la definitiva. Aquí abajo, los hombres creados para el cielo nacen, crecen, luchan, se quejan y esperan. Después se duermen y van a su patria, donde permanecerán para siempre, viviendo otra vida, eternamente plena y eternamente nueva. Esta vida sirve para aprender a amar la otra y para que, aprendiendo a amar la otra, vivamos mejor esta.

Roque miró el cielo y, por primera vez, se sintió envuelto por un misterio enorme. Era algo que ni siquiera su padre conocía del todo, algo que solo conocía Dios. Se marchó a su cama en silencio, pero, inquieto como estaba, no consiguió dormirse. Se levantó cuando sus padres aún creían que estaba durmiendo, se hincó de rodillas apoyando los codos en el borde de la cama y, contemplando el pequeño crucifijo que tenía delante, se puso a rezar.

—Jesús, dame tu fuerza, para que, cuando sea mayor, pueda enfrentarme a esa terrible plaga. Quiero ayudar a los enfermos y andar al encuentro de aquellos de los que todos huyen. Cuidaré de ellos y, por tu gracia, sanarán.

En el cielo, millones y millones de serafines y querubines escuchaban a aquel pequeño corazón latiente y contaban a Dios lo que Él ya sabía, porque escruta las intenciones rectas del corazón. La plegaria del niño le complació. ¿Cómo no iba a conceder una oración así?

CAPÍTULO X: EL JOVEN

El diálogo entre Roque y Dios era intenso. La oración siempre permaneció viva en él y el ayuno fue su compañero desde su nacimiento, pero, ante todo, lo que crecía en su interior día tras día era la caridad. De todas las frases del Evangelio, la que más le había impresionado era: "lo que hicisteis al más pequeño de mis hermanos, a mí me lo hicisteis"[5]. Esa convicción lo impulsaba a visitar, cada vez con mayor frecuencia a los enfermos y a los pobres. Desde el día en que había oído proclamar esa Palabra de Dios en la iglesia de nuestra Señora de las Mesas, había quedado fascinado e intuía que ese sería el plan de su vida. No sabía cómo se llevaría a cabo, pero estaba convencido de que, de un modo u otro, así sería su vida.

Su padre, deseoso de que le sucediera en el gobierno de la ciudad, lo alentó a que se inscribiera en la facultad de Derecho. Roque obedeció y estudió con empeño, pero, con el permiso de sus padres, siguió también los cursos universitarios de la facultad de Medicina para así aprender a ayudar a los enfermos y a aliviar las penas que sufrían en su carne a causa de las enfermedades. La imagen viva de Cristo crucificado estaba siempre ante sus ojos.

5   Mt 25,40.

El muchacho se iba fortaleciendo tanto en cuanto a la vida interior como en cuanto a la entrega a los demás. Crecía en él un espíritu de discernimiento, con el que se examinaba a sí mismo y ahondaba en su corazón en busca del infinito. Sus compañeros de la universidad se admiraban de su carácter jovial y amable, que dejaba traslucir una gran armonía interior. Deseoso de conocer mejor al pueblo, Roque salía secretamente del castillo y se espantaba de las condiciones de pobreza y miseria en las que muchos vivían, pero en particular se sentía impulsado a visitar a los enfermos, en los que siempre tenía puesto su pensamiento. Daba sus bienes a los pobres y, en ocasiones, hasta sus propias ropas, además de rezar incesantemente por la reconciliación de los corazones.

Su amistad con María era espléndida. Era una muchacha dulce, paciente, que se interesaba por sus problemas y se hacía querer por sus cualidades. A veces pensaba que un día se casaría con ella y tendrían hijos a los que querría como su padre y su madre le habían querido a él, pero después sentía algo en su interior que lo transportaba muy lejos de esos sueños. Nunca había dicho nada a María sobre la posibilidad de que se casaran, pero su relación era tan tierna que todos pensaban que tendría un final feliz. Era un amor casto, un amor que sabía esperar y respetaba al otro plenamente. Educarse en la pureza era un ejercicio que ambos practicaban con la ayuda de la gracia divina y así eran felices, porque educar la propia carne significaba colocar fundamentos sólidos para un futuro igualmente sólido. Desde la infancia, pero más aún en la juventud, Roque se imponía privaciones y sacrificios que sus propios padres a veces consideraban demasiado duros, por lo que trataban de que se moderase. A menudo, Liberata encontraba a su hijo, en plena noche, de rodillas sobre el frío suelo de su habitación, con las manos juntas y el rostro vuelto hacia el cielo, transfigurado por aquella unión íntima con el Señor.

Un día de primavera, poco antes de cumplir diecisiete años, entró piadosamente en la iglesia de nuestra Señora de las Mesas. Hacía tiempo que buscaba su propia vocación, el camino por el que debía seguir a Cristo. La celebración eucarística hizo que se sintiera bien, como cuando uno vuelve a casa después de un largo viaje. Esperaba una señal, pero se sorprendió al escuchar aquel majestuoso: "si alguno quiere venir en pos de mí, que se niegue a sí mismo, tome su cruz y me siga"[6]. Se quedó intranquilo durante largo rato. ¿Acaso no tenía él mismo una señal en forma de cruz sobre el pecho desde que había venido al mundo? ¿Cómo debía él, en concreto, negarse a sí mismo y seguir a Jesús? Intentaba encontrar respuestas a esa pregunta, pero siempre experimentaba cierta confusión, como un banco de niebla que ofuscaba sus pensamientos y le impedía ver claramente cuál era la voluntad de Dios para él. Finalmente, decidió pedir consejo a fray Bernardo y a otras personas que consideraba que tenían una fe madura.

Al día siguiente se levantó muy temprano, dio gracias a Dios por haberle concedido un nuevo día y se dirigió al convento de los franciscanos. Dijo al hermano portero que quería ver a fray Bernardo y le hicieron pasar a una gran sala, con techos altos y una iluminación y un mobiliario bastante austeros. Se sentó y esperó, pero, como fray Bernardo no llegaba, Roque no dejaba de levantarse y volverse a sentar.

—¿Por qué esta espera? Normalmente, el padre Bernardo me recibe enseguida —se decía—. Siempre está disponible para todos y tiene tiempo para todos, excepto para él mismo…

Se diría que un ángel caído, en algún lugar, estaba molesto por la idea de que se produjera aquella conversación y ponía todas las trabas posibles.

Por fin apareció fray Bernardo y, sentándose, preguntó a Roque por el motivo de su visita a aquella hora insólita.

6   Mt 16,24.

71

—Hace tiempo que estoy preocupado, padre. No consigo ver con claridad en mi interior. ¿Por qué me ha puesto Dios en este mundo, en esta época, en esta ciudad, en esta familia y en este cuerpo? ¿Para que yo haga qué? ¿Qué obra quiere que lleve a cabo? ¿Qué me está pidiendo? Ayer, en la iglesia, la lectura del Evangelio removió dentro de mí algo que estaba dormido: "si alguno quiere venir en pos de mí, que se niegue a sí mismo, tome su cruz y me siga". ¿Qué significa eso en concreto para mí? ¿Qué quiere Dios de mí? ¿Qué me está pidiendo?

Bastaron aquellas pocas palabras para que fray Bernardo entendiera el estado de ánimo del joven Roque. Dejó pasar unos momentos de silencio y cruzó tranquilamente las piernas, como si no fuera a responderle.

—Mira —dijo por fin—, todo hombre viene a esta tierra con un pedazo de infinito dentro del corazón, que hace que sienta el anhelo de su verdadera patria. Durante una gran parte de la vida del hombre, ese pedazo de infinito puede estar dormido, como lo que había en tu interior. En algún momento, sin embargo, una chispa de ese mundo sobrenatural se acerca a nosotros, nos inflama y el cielo nos atrae, pero la atracción se detiene si nuestra voluntad no colabora. Nuestras cargas, nuestros bienes, nuestra inteligencia y nuestra voluntad se convierten a veces en obstáculos que nos impiden ser verdaderamente felices. Tú has podido acoger esa chispa divina porque escuchar y guardar una sola Palabra de Dios en tu corazón es gustar ya lo que estamos llamados a poseer eternamente. Esa Palabra que has recibido te pondrá en camino por senderos que no conoces y hará posible que lleves a cabo lo que está más allá de tus fuerzas, de manera que puedas admirar las obras que Dios hará en favor de los hombres por medio de ti.

—Padre, os he oído decir esas cosas muchas veces en la predicación o a la gente. Mis preguntas son muy concretas. ¿Qué debo hacer en concreto para seguir a Jesús? ¿Qué significa, en mi caso y en la práctica, negarme a mí mismo y tomar mi cruz?

Roque esperaba una respuesta inmediata que pusiese fin a lo que se estaba convirtiendo en un tormento, pero la respuesta del fraile fue muy distinta de lo que imaginaba.

—Tú mismo descubrirás la respuesta a estas preguntas con la ayuda de Dios. Tómate tu tiempo, al menos un año. Pide sin cesar a Dios, todos los días del año, que ilumine tu mente. Que no haya ni un solo día en el que no pidas a Dios, al alba y al ocaso, que te conceda una luz interior para que sepas lo que debes hacer para seguir a Jesucristo. Te levantarás todas las noches, cuando los demás estén durmiendo y la quietud reconcilie tu carne con los deseos del espíritu. De rodillas y con los brazos alzados hacia el cielo, pedirás luz para tu vida y para la misión que Dios quiera confiarte. Ayunarás más aún, teniendo cuidado de que tus sacrificios permanezcan totalmente secretos. Debes mortificar a tu hombre de la carne, pero de manera que ello quede entre Dios y tú, sin contárselo ni a María, ni a tus padres, ni tampoco a tu mismo confesor. Tu religiosidad debe crecer y madurar. No se trata de ayunar dos veces a la semana, porque eso ya lo haces desde que naciste y podría ser un hábito exterior que simplemente te vino impuesto. Debe ser un ayuno de búsqueda, un modo de decir a Dios que, si no te habla, siempre estarás hambriento. Que tu caridad sea más intensa. No se trata de dar simplemente lo sobrante, aunque eso es algo bueno y que ya haces desde la infancia. Prueba a dar lo que necesitas, porque nada de lo que pertenece a este mundo nos lo llevaremos con nosotros a la otra vida. Da lo que necesitas para vivir hoy, como hizo la pobre viuda del Evangelio, que dio los dos céntimos que eran todo su tesoro. Recibirás el ciento por uno en ese camino de discernimiento que estás a punto de recorrer. Reza también cuando no tengas ganas, cuando mil pensamientos te digan que pierdes el tiempo con tus fantasías y que todo es inútil. Para perseverar en la oración y la piedad, tendrás que luchar contra enemigos invisibles, porque los ángeles caídos rabiarán al ver que buscas el camino de Dios y te pondrán todo tipo de trabas. Persevera también en los ayunos y en la caridad, luchando contra tu pereza y contra los enemigos interiores que querrán entrar en tu casa para devastarla. Será una lucha dura, pero se te revelará cuál es la voluntad de Dios para ti. Una vez que conozcas la vocación a la que Dios te llama, la lucha continuará, porque tendrás que defender esa vocación, incluso contra ti mismo, amándola hasta la muerte…

Roque escuchaba, maravillado. Fray Bernardo nunca le había hablado así y se quedó boquiabierto, como si estuviese esperando el banquete celestial. Las palabras del fraile le parecían celestiales y reveladoras, palabras que le indicaban el sendero a tomar en la búsqueda del camino definitivo. El joven y el franciscano se quedaron allí largo rato, hablando de las cosas del cielo, contándose el uno al otro los regalos que Dios les había hecho con su gracia y conversando sobre la patria eterna. Después, Roque pidió a fray Bernardo que lo bendijera, para poner llevar a buen término aquel viaje en busca de la voluntad de Dios que iba a iniciar. Se puso de rodillas y recibió la bendición de Dios. Los santos no nacen ya virtuosos y Roque sabía muy bien que necesitaba consejo.

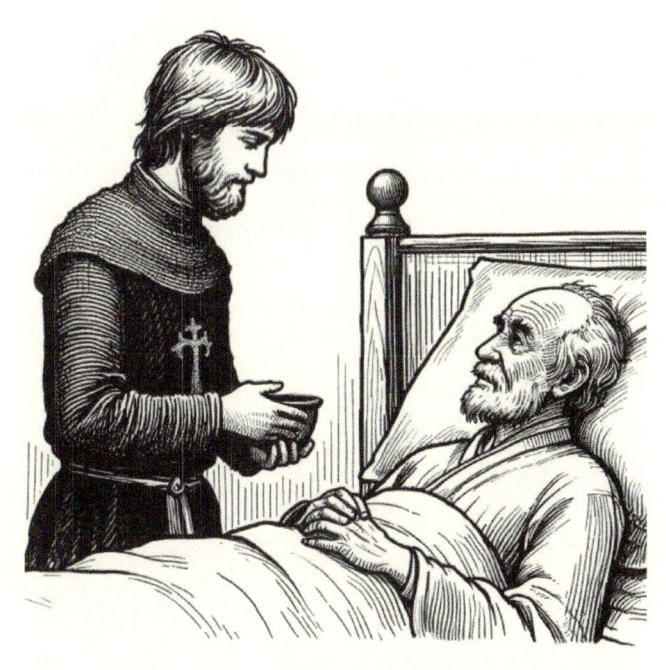

SEGUNDA PARTE

CAPÍTULO XI: LA MUERTE DE JUAN

Pasaron dos o tres meses desde el encuentro con fray Bernardo y Roque estaba muy contento con aquella tarea de búsqueda que le había asignado. De vez en cuando iba a buscar al fraile para pedirle consejo y siempre volvía a casa más tranquilo. Las tentaciones de abandonar la oración incesante eran continuas, pero no se rendía. Estaba seguro de que Dios le daría una respuesta y Dios, que conoce el momento oportuno, empezó a responderle.

Juan estaba mal de salud desde hacía tiempo. Una enfermedad misteriosa estaba agazapada en su interior, esperando cobrarse su vida. Día tras día, a pesar de los cuidados afectuosos de su esposa y su hijo, el conde Juan de la Cruz, señor de Montpellier, sentía que su vida se iba acabando. El doctor Perpiñán estaba muy preocupado y había pedido consejo a sus mejores amigos médicos, pero no había conseguido encontrar un remedio para el conde. En ocasiones le subía extrañamente la fiebre y agotaba las fuerzas de aquel cuerpo ya probado por multitud de dolencias. Desde hacía algunas semanas, habían aparecido en la ciudad casos parecidos de la misteriosa enfermedad, pero nadie les había prestado aún mucha atención. Junto a la cabecera de la cama de Juan siempre estaban o bien su esposa o bien su hijo y la enfermedad les proporcionaba una ocasión para reflexionar sobre el sentido de la vida, la misión de los seres humanos en esta tierra y lo que esperaba a cada hombre después de la vida terrena. Si bien la extraña enfermedad se cobraba víctimas en distintos lugares, parecía que la tristeza se estuviera cebando con el castillo de Juan. Una noche de aquel frío invierno, mientras Francisco, el fiel secretario de Juan, lloraba a solas por el estado de su señor, Juan hizo llamar a su hijo. Roque acababa de llegar a casa después de haber estado sustituyendo a su padre en sus tareas de gobierno, para tenerlo informado de los problemas del condado. Al oír que su padre le llamaba, tuvo un escalofrío premonitorio. Corrió hacia el ala del castillo donde estaba la habitación de su padre y encontró a Juan inmóvil sobre el lecho que tan odioso se había hecho para Roque. Liberata apretaba la mano derecha de su esposo, como si quisiera transmitir su propia vida a aquel cuerpo exhausto, mientras, sentada a su lado, le secaba la frente con el lienzo blanco que tenía en la otra mano. Roque entró en la habitación sin aliento, se arrodilló junto a la cabecera de la cama, apoyó su rostro en las manos unidas de sus padres y dejó escapar un breve y elocuente sollozo.

—Padre, ¿qué sucede?

Juan cerró los ojos, como si algo le hubiera golpeado. No respondió enseguida, porque el aliento que cada uno de nosotros tiene no es infinito y a él solo le quedaban los últimos restos. Tenía que hacer un gran esfuerzo para pronunciar las palabras. Al cabo de unos momentos, volvió a abrir los ojos, miró hacia su hijo y, haciendo acopio de sus escasas fuerzas, comenzó a hablar.

—Roque, hijo mío, estoy a punto de marcharme. Me reuniré con los que me han precedido en este viaje hacia el cielo. ¡Busca a Dios por encima de todo! ¡Que esa sea tu misión! He sido tu padre durante un tiempo y me fue confiada la misión de dirigirte hacia tu verdadero Padre, de ayudarte a que le descubrieras a Él. No te quedas huérfano, porque pierdes un padre visible, pero sentirás más presente al invisible. ¡Recuerda lo que Jesucristo ha sufrido por todos nosotros! Que los pobres siempre sean lo primero para ti. Huye de la avaricia, que es la raíz de todos los males y lleva a la muerte interior. Socorre a los pobres con tus bienes, como siempre te he enseñado, y persevera en la caridad, porque quien socorre a los necesitados y a los enfermos muestra así su amor a Dios. Ama a Dios con todo tu corazón, con toda tu mente y con todas tus fuerzas y al prójimo como a ti mismo. Este credo me dejó mi padre y este credo te dejo a ti.

La voz de Juan se iba haciendo más ronca y débil, hasta convertirse casi en un tenue silbido. Habría querido decir más cosas a su hijo, pero el tiempo de hablar se acababa. Roque pasó la mano por la frente de su padre, le secó el sudor frío y contempló su rostro, que tantas veces había visto sonriente, pero ahora parecía querer despedirse de él hasta que se volvieran a ver, radiantes, en la otra vida.

Liberata estaba agotada por las largas jornadas pasadas cuidando de su marido y se adormiló sobre aquel sillón que hacía tiempo que casi no dejaba nunca. Era ya de noche y Roque, junto a su padre, lo miraba fijamente, absorto en los pensamientos que sacudían su mente. ¿Por qué vivir? ¿Por qué sufrir? ¿Por qué aquel dolor amargo que le dejaba la boca seca?

En algunos momentos, le parecía que era él mismo quien estaba a punto de morir. Después volvía a la realidad, rechazando de un golpe aquellos pensamientos, que, sin embargo, retornaban con prepotencia. Algún ángel caído quería tirarle de la cabalgadura de la fe para que se rebelase contra Dios. Le vino entonces a la mente un pensamiento que lo llenó de abatimiento: ¿y si todo terminase en esta vida? ¿Para qué nacer, padecer, luchar, vivir y después morir como los animales o los árboles, que, en muchos casos, viven más que los seres humanos?

Otro pensamiento, sacado del Evangelio, venía en su ayuda y lo defendía: "quien cree en mí, aunque muera, vivirá"[7]. ¿Acaso su padre no había creído en Cristo?

La lucha entre pensamientos contrarios azotaba el alma de Roque y su mente era el polvoriento campo de batalla. Por primera vez, se

---

7   Jn 11,25.

dio cuenta de que la muerte no perdonaba a nadie. ¡Todos tenemos que morir! Ya lo sabía, por supuesto, pero no lo había sentido en su interior, como si fuera algo que, en el fondo, solo afectaba a los demás. Quien se moría era su padre y no los demás. ¡Su padre se moría! No volvería a verlo ni le hablaría más. Ya no irían a caballo, ni se alejarían de la costa en un barco, ni practicarían la esgrima, ni rezarían juntos como hacían todos los domingos, rezando laudes con Liberata. Los pensamientos de tristeza, desánimo y melancolía parecían estar venciendo en su alma. Metiendo la mano en el bolsillo, sacó el rosario[8] que llevaba siempre consigo y comenzó, entre un pensamiento y otro, a acariciar con los dedos sus cuentas, intentando encontrar una respuesta para sus inquietudes. Cuando la fatiga iba a vencerlo, se inclinó sobre el lecho y, entre preocupaciones y plegarias, mirando al techo, pero también más allá de él, se durmió junto a su padre, que tan cerca estaba de terminar su camino en esta tierra.

Era ya de noche cerrada y la oscuridad cayó sobre la habitación, como si quisiera devorar el cuerpo de su padre mientras Roque dormía. Al despertarse no oyó el rumor de la respiración jadeante de Juan. Un lóbrego escalofrío le recorrió la espalda y se levantó de golpe. Sin aliento, miró el cuerpo de su padre y tocó su muñeca y su frente. Liberata aún dormía. Sacando fuerzas de flaqueza, apartó la sábana y levantó la camisa de su padre. Después, colocó la oreja izquierda sobre su pecho, esperando oír el latido del corazón. Nada. Pensando que quizá el latido fuera demasiado débil, probó a escuchar con la oreja derecha. Nada. El conde Juan de la Cruz, señor de Montpellier, había muerto. Roque no alcanzaba a entender aquella muerte, causada por una enfermedad misteriosa, y le parecía que el mundo se hubiese detenido, como si cada uno de aquellos instantes durase una eternidad entera. Sus ojos se llenaron de lágrimas, despertó a su madre y, juntos, soportaron la carga de aquel dolor.

8   Teniendo en cuenta la devoción de Roque y de su padre Juan por nuestra Señora, quiero imaginar que el rosario ya existía en su época.

CAPÍTULO XII: LA VIDA CONTINÚA EN MONTPELLIER

Habían pasado un par de semanas desde la muerte del conde Juan de la Cruz y su hijo Roque seguía sintiendo a todas horas el dolor que la pérdida le había producido. Aún no había sido capaz de tomar las riendas del condado precisamente por ese dolor. El título nobiliario, sin embargo, imponía obligaciones que no podía ignorar, como tampoco podía olvidar los deberes relacionados con el gobierno de Montpellier y todos los territorios que le correspondían, hasta las islas Baleares. Pronto se dio cuenta de que la vida de su padre había sido muy dura. Fueron días llenos de trámites y tratos con los señores vecinos, días intensos, pero también llenos de oración. Comprendió que necesitaba ayuda y a menudo acudía a su tío Víctor, hermano de su padre, hombre de negocios con gran experiencia y que tenía buenas relaciones con la corona francesa, en cuyo nombre debía gobernar.

Montpellier contaba con unos cuarenta mil habitantes y era una de las ciudades más pobladas de todo el sur de Francia, rodeada por unas murallas de ocho metros de altura, que se extendían a lo largo de cuatro kilómetros. En la época de Roque ya existía una renombrada facultad de medicina y otra de derecho consolidada y que el joven Roque conocía muy bien. La universidad de Montpellier irradiaba cultura casi por todas partes. Había muchos estudiantes extranjeros, cientos y cientos: españoles, alemanes, belgas y holandeses eran mucho más numerosos que los franceses. También había muchos religiosos en la ciudad. Los monjes cistercienses estaban presentes allí desde hacía más tiempo y los conventos franciscanos y dominicos eran ricos en frailes y contaban con un número creciente de vocaciones.

La ciudad tenía una gran vitalidad y sus propios ritmos. Desempeñaban un papel muy importante los gremios, agrupados por profesión en siete escalas, una para cada día de la semana, que se encargaban de garantizar la vigilancia de las murallas, así como el orden público. De ese modo, los tejedores, los comerciantes de pimienta o los cambistas, entre otros, debían prestar y garantizar dichos servicios en el día que les correspondía. La soberanía militar y el mando de la defensa de la ciudad estaban a cargo del gobernador, al igual que gran parte del poder judicial. Las actividades legislativas, administrativas y fiscales, por otra parte, estaban a cargo de un colegio de doce cónsules. Los cónsules debían ser nativos de Montpellier o, al menos, haber residido allí durante diez años, pero los extranjeros, judíos y religiosos no podían optar a este cargo. Prestaban sus servicios durante un año, desde el mes de marzo, en el que pronunciaban un juramento solemne ante la imagen de nuestra Señora de las Mesas, en el santuario más importante de la ciudad. Los cónsules salientes elaboraban una lista de sesenta hombres escogidos de entre la burguesía de la ciudad y, por sorteo, se elegía a los doce nuevos cónsules. Estos, a su vez, designaban dos abogados para los casos que involucraban a la ciudad, un notario y los cónsules marítimos, que tenían jurisdicción sobre los asuntos relativos al acceso al mar.

La ciudad de Montpellier tenía una fuerte vocación comercial, si bien no estaba situada en la misma costa, sino a unos diez kilómetros de ella. El litoral no tenía ensenadas naturales, lo que hacía imposible la construcción de un puerto. El puerto de Montpellier, en consecuencia, estaba situado en Lattes, un pequeño pueblo de pescadores situado en la desembocadura del río Lez, que, después de haber bañado Montpellier, desembocaba en la albufera. Los barcos mercantes de pequeño tonelaje navegaban por el Lez desde Lattes casi hasta Montpellier transportando mercancías de todo tipo. Los barcos de mayor tamaño, procedentes de los puertos orientales más lejanos del este, se veían obligados a transferir las mercancías a esos barcos pequeños o barcazas y volvían a zarpar. Desde Montpellier se exportaban productos manufacturados y agrícolas, especialmente vino, hacia Italia, España y el África mediterránea. En la ciudad prosperaba también la producción y exportación de tejidos teñidos allí mismo con un tinte rojo fabricado con un insecto llamado cochinilla, que luego se certificaban mediante la colocación de sellos con los escudos de la ciudad y del rey de Francia y se exportaban a los puertos occidentales. Además de tejidos de alta calidad destinados a la clase media alta, la industria textil producía tejidos de cáñamo más comunes, utilizando molinos de agua a lo largo del río Lez, en la parte oriental de la ciudad. Lienzos, sedas, tafetanes y brocados de oro y plata eran enviados a todas partes por una multitud de tenderos, merceros, boticarios, orfebres y artesanos.

Era esencial, pues, asegurar la navegación en toda la albufera de Camarga, en la zona del Golfo de León, en la que se apoyaba el comercio de la ciudad porque de ello dependía la prosperidad de todo el pueblo. Mucho dependía, por tanto, de la capacidad y destreza de los cónsules marítimos, que desempeñaban un trabajo muy delicado. La ciudad se convirtió pronto en un concurrido centro de relaciones e intercambios culturales, con notable importancia en el ámbito artístico.

Montpellier podía enorgullecerse, además, de una fuerte vocación cristiana y una fe profunda. Solo había una gran parroquia, la de San Fermín, de la que dependían las iglesias de Santa Ana, la Santa Cruz, San Mateo, San Pablo y nuestra Señora de las Mesas. La más importante era esta última, llamada así porque en la plaza situada frente a ella solían colocarse los puestos de los cambistas. En ella se encontraba la imagen milagrosa de la Virgen Negra, ante la cual se celebraban las ceremonias más importantes, incluso las civiles, como el juramento de los cónsules y la concesión de grados universitarios. La ciudad, sin embargo, no era sede episcopal, sino que dependía de la diócesis de la pequeña isla de Maguelonne situada en la albufera, que ejercía sus poderes a través de un vicario episcopal.

No obstante, desde el punto de vista de la fe Montpellier tenía una importancia especial por estar situada a lo largo de la Vía Tolosana, el camino que tomaban los peregrinos para ir a Santiago de Compostela, uno de los santuarios más visitados de la cristiandad. Montpellier y Roque en particular sintieron la fascinación de aquellos viajeros audaces que caminaban en busca de la verdad. También por eso la ciudad era muy hospitalaria y contaba con una densa red de hospitales e instituciones de caridad para acoger a los peregrinos, a los enfermos y a los pobres.

Ésta era la realidad de la ciudad que tuvo que gobernar el joven Roque.

CAPÍTULO XIII: EL TIEMPO PASA, IMPLACABLE

El viento soplaba entre las hojas secas caídas y amarillentas, que iban tiñéndose de oscuros tonos marrones. Los grandes robles de la carretera que conducía hacia la costa mediterránea enmarcaban al caminante que iba pisando aquella alfombra otoñal. A veces, el viento arrastraba las hojas por el suelo, haciendo oír su silbido. Roque parecía estar muy lejos de ese mundo. Su mente y su corazón viajaban por otros lugares mientras él, cubierto o más bien arropado por una capa y un sombrero, con botas y bufanda, caminaba solo hacia el cementerio.

Tenía ganas de hablar con su padre y no había podido evitar dirigirse a su tumba en aquel día gris, en que las nubes cubrían el cielo y soplaba un viento desagradable. Le vinieron a la mente muchos episodios de su vida, desde la época en que había alcanzado la edad de conversar con su padre. Al llegar frente al cementerio sintió una gran nostalgia por su padre y por el tiempo que había pasado y ya nunca volvería. Sí..., pero ¿qué es el tiempo? Se hacía preguntas y esbozaba respuestas mientras miraba aquellas cruces de madera plantadas en la tierra desnuda. El tiempo era una sombra, vapor, vanidad, mera nada. El tiempo era una escena de teatro en la que se representaban los cuentos de hadas de este mundo. El escenario era la tierra. Los hombres eran los actores que iban y venían, como una generación llega y otra se va. La escena estaba delimitada por dos puertas: la puerta del nacimiento y la de la muerte. Cada hombre desempeñaba el papel de un personaje. Quien representase al rey pronto tendría que desprenderse de su púrpura, así como quien representase a un mendigo pronto se desprendería de sus harapos. La comedia se terminaba rápidamente. ¡Ojalá Dios no permitiera que se convirtiese en una tragedia espantosa para muchos!

Contempló aquellos nombres escritos junto a aquellas cruces y pensó en cuánto habían vivido y sufrido aquellos hombres cuando estaban en este mundo. No dejaba de hacerse más y más preguntas. ¿Dónde estaban ahora todos aquellos hombres a quienes la sociedad consideraba oráculos, las huestes numerosas bajo cuyos pies temblaba la tierra, la multitud de príncipes, nobles, caballeros y personajes importantes de los que se enorgullecían reinos enteros o los grupos de amigos que eran la alegría de las ciudades?

Contempló también los edificios lejanos, fuera del cementerio, y les increpó:

—Castillos, palacios, villas, haciendas, oro, plata, ¿en manos de cuántos amos habéis estado ya y por cuántas manos más pasaréis? En un abrir y cerrar de ojos desaparecen la grandeza, el poder y la riqueza. El tiempo es el juego de la fortuna, el botín del hombre, la imagen de la inconstancia, el ejemplo de la debilidad, la morada de las calamidades y de la envidia. Sin firmeza, sin consistencia, en movimiento perpetuo, en continua inestabilidad. El tiempo es una ficción, un sueño que termina cuando se abren las puertas de la eternidad. Es primero una tumba, luego una flor y por fin de nuevo una tumba. Si quito el sueño, la enfermedad, las preocupaciones y cosas así, ¿qué me queda de la vida? ¿Por qué nos dejamos encantar por el tiempo? Descontando los días de la infancia y las horas del sueño, en los que el hombre no tiene conciencia de sí mismo, las enfermedades, en las que no se vive, y el tiempo mal empleado o perdido, ¿qué queda de la vida? La vida del hombre es el paso de una tumba a otra tumba, es decir, del vientre de la madre de cada uno al vientre de la madre común, que es la tierra; no es nada más que una carrera continua hacia la muerte. Cada día, cada momento morimos, pues no pasa un minuto sin que se nos quite una parte de vida; a medida que crecemos, nuestro tiempo de vida se acorta, y compartimos con la muerte el momento mismo en que vivimos. Tan pronto como empezamos a vivir, ya estamos caminando hacia la muerte y comenzando a salir de esta vida. Incluso mientras dormimos, el tiempo continúa su viaje. A veces disfrutamos de un pequeño consuelo, porque recogemos algunas flores por el camino, que se marchitan en nuestras manos de la mañana a la noche, o recolectamos alguna fruta y la perdemos al comerla. El tiempo se acaba y, si no te desprendes del mundo, el mundo se desprende de ti. Lo único que se puede hacer, pues, es lo que sugiere el Apóstol: que el casado viva como si no tuviera mujer; el que llora, como si no llorara; el que ríe, como si no riera; el que compra, como si no comprara, y el que usa de este mundo, como si no lo usara, porque la representación de este mundo se termina[9]. El tiempo nos sorprende, porque llega como un ladrón en la noche. Mi vida es corta y, en cambio, largo fue el tiempo en que yo no existía y largo será el tiempo en que ya no estaré aquí. ¡Minúsculo y casi invisible es el lugar que ocupo en el inmenso abismo de los siglos! El tiempo, sin embargo, tiene un valor infinito, porque costó la sangre de Jesucristo. Tiene un valor inmenso, porque solo a través de él se puede pasar a la eternidad dichosa. Con un solo minuto bien empleado podemos acceder al cielo y a Dios mismo; en un solo momento podemos perder el cielo y a Dios. De un instante, bien o mal empleado, depende nuestra eternidad, feliz o desdichada.

Mientras estos pensamientos giraban y giraban en su mente, sintió que el cristiano era, y no podía dejar de ser, un peregrino, un hombre en camino que iba en busca de ese Alguien que todo lo movía y sostenía. Ahora bien: si el cristiano en la tierra era un

9 Cf. 1Co 7,29-31.

peregrino que iba hacia el cielo, debía imitar el comportamiento del peregrino en camino hacia su patria: viendo todas las cosas, pero sin detenerse en ellas, para ir directamente a su meta, sin perderse en nada más, contentándose con la comida y la ropa.

En efecto, todo peregrino desea llegar a su patria y, para ello, afronta y soporta con valentía y perseverancia las dificultades del camino, el frío, el calor, el hambre y la sed. Trata a los demás con honradez y justicia. No insulta a nadie, sino que, al contrario, lo soporta todo. El peregrino es extranjero y considera a todos los hombres como extranjeros, porque su corazón está en su verdadera patria, mientras que su alma está con sus padres, sus hijos y sus amigos. Esa debe ser la conducta de un peregrino: llevar un manto y un bastón para revestirse de Jesucristo, es decir, llevar el manto de la oración, de la paciencia y de la modestia y llevar también su cruz. El peregrino no acarrea cargas inútiles, sino que se limita a lo estrictamente necesario; no se detiene en el camino, sino que avanza siempre hacia la meta de su viaje.

Roque recordó entonces las palabras del hermano Bernardo cuando le hablaba de Séneca: "¿Quieres liberarte de tu cuerpo y no seguir agobiado por esta pesada carga? Vive en tu cuerpo como si tuvieras que abandonarlo en cualquier momento; míralo como a un extraño y, cuando estés a punto de morir, te separarás de él sin ningún pesar". Le parecía estar escuchando al mismo San Pablo: "aquí no tenemos una ciudad permanente"[10].

—Hoy comenzaré a servir a Dios con toda mi alma porque hoy puede ser mi último día —se prometió a sí mismo.

Después, se detuvo a orar frente a la tumba de su padre y se dio cuenta de que ya había encontrado muchas respuestas en su interior. No todo estaba claro aún para él, pero sentía que el peregrino que rondaba sus pensamientos no estaba lejos.

10 Hb 13,14.

CAPÍTULO XIV: LA MUERTE DE LIBERATA

Era de noche y Roque estaba trabajando, sentado frente al escritorio de la habitación que ahora era su despacho. Aunque no se encontraba bien, tenía que preparar el trabajo del día siguiente, cuando recibiría a los enviados del rey de Francia.

Francisco llegó corriendo para avisarle de que el estado de su madre había empeorado. Liberata llevaba varios días sintiéndose mal y a Roque no se le había ocurrido pensar que el abrazo de despedida que habían intercambiado esa mañana pudiera el último. Creía que ese tiempo difícil pasaría, como había sucedido en ocasiones anteriores. En los últimos años había disfrutado particularmente de verla y hablar con ella, sobre todo porque también él, en lo secreto de su corazón, soportaba la misma pena, mientras buscaba su vocación. El dolor hace que los hombres y las mujeres sean más reales y ver en su madre a una mujer fuerte, firme y sobre todo esperanzada, que no se quejaba de Dios ni del misterio de su enfermedad, le hacía mucho bien.

A todos, sin embargo, les llega un momento inesperado, que parece inoportuno e inquietante, porque reclama algo que siempre han considerado suyo. Entre los pensamientos de Roque en aquel momento, que empezaban a concebir lo inconcebible, hubo uno que se elevó sobre todos los demás: ¡aquella vez no era como las otras veces! Si Francisco había llegado hasta allí sin aliento para advertirle que su madre había empeorado, debía de ser algo especialmente grave. Se levantó de un salto y caminó hacia él a paso rápido, con una interrogación en el rostro. Colocó la mano sobre el hombro de Francisco y trató de extraer alguna información de sus ojos. El buen Francisco, anciano ya, mantenía la mirada baja, para ocultar un dolor mezclado con lágrimas amargas. Roque inclinó aún más la cabeza intentando ver aquellas dos pupilas que querían esconderse mientras un escalofrío recorría todo su cuerpo. ¡Ahora entendía! Entendía que una nueva Palabra inapelable de Dios le estaba cuestionando. Se quedó aturdido unos instantes, miró a su alrededor y sintió un fuerte dolor en el pecho, como si una espada de doble filo quisiera alcanzar sus entrañas para desprenderlas de los huesos. Después, experimentando una gran sensación de paz interior, se arrodilló y extendió los brazos con las palmas hacia el cielo mientras un susurro apenas audible salía de su boca. Sabía bien que Dios era la causa primera de todo, que era su Padre y siempre hacía las cosas para bien. Sabía, en definitiva, que había muerto un cuerpo corruptible y la muerte abría el camino a una condición diferente e incorruptible. Aquella noche, Liberata nacía a una nueva vida.

La luna ya estaba alta en el cielo cuando, con andar triste, salió de la oficina para ir a ver a su madre, en la otra ala del castillo. Se abrió paso con delicadeza entre las montañas de dolor que encontró a la puerta, porque la noticia ya había se había difundido por todas partes. Vio muchos rostros fraternos, sorprendidos, desorientados y conmocionados. En medio del elocuente silencio, escuchó su nombre pronunciado por la voz de su tío Víctor y miró a su alrededor. El dolor que traslucía esa voz parecía venir de todas las direcciones a la vez y, por un momento, le fue difícil localizarla. Por fin vio a su tío y se acercaron el uno al otro para darse un abrazo sincero, como queriendo defenderse mutuamente de un ataque. El misterio era el gran protagonista, pero el sufrimiento no se quedaba atrás y parecía querer envolverlo todo para después devorarlo.

Sus ojos se volvieron hacia el ataúd. Vio un rostro terso, casi aterciopelado, completamente relajado, suavizado, al que el sufrimiento ya no podía hacerle daño alguno, porque había agotado todo su poder destructor. La frente, sin arrugas, mostraba una insensibilidad total, mientras que las mejillas, ligeramente pronunciadas, mostraban una serenidad interior desconocida para muchos. La nariz, los labios y la barbilla redondeada parecían querer asegurar a todos que ya habían cumplido la misión que Dios les había confiado. El cuello estaba relajado, sin tensiones, en auténtico descanso. Los ojos, cerrados, pero no apretados, habían dicho el último adiós a un mundo que se había convertido en un antiguo recuerdo, mientras que ahora estaban fijados en lo que finalmente contemplarían para siempre.

Las manos, con un rosario alrededor, parecían imitar lo que tantas veces habían hecho antes. Era el momento del descanso, de la plena alabanza. El cabello extendido sobre la almohada simbolizaba la belleza duradera y el cuerpo estaba vestido de blanco, ese lino blanco bautismal que es el reflejo de la vida celestial. Los zapatos también eran blancos y aquel ataúd parecía un gran estuche donde se hubiera colocado una almendra blanca garrapiñada, preparada como alimento para la muerte.

Es curioso cómo la muerte, al matar, encuentra también ella la muerte, porque, para evitar morir, se ve condenada a tener que encontrar a otros a quien darse. La muerte parece haber ganado, pero es ella quien pierde porque ya no tiene poder sobre aquel a quien mata. Un alma noble se había levantado de aquel cuerpo y la muerte ya no podía tocarla.

Mientras su mente vagaba persiguiendo estos pensamientos, Roque sintió que haber tenido esa madre había sido un gran privilegio porque le había permitido darse cuenta de lo buenas que eran las personas que se dejaban amar por Dios. Había tenido la oportunidad de apreciar sus cualidades humanas y su fe verdadera, que le habían ayudado a ser más adulto en la fe y a crecer como persona. Nunca la había oído rebelarse o impacientarse ante su enfermedad ni frente a

Dios, porque consideraba su enfermedad como una compañera con la que podía avanzar en un misterioso plan divino. Roque agradeció sinceramente a Dios que, durante su vida terrena y según sus planes, le hubiera dado aquella madre, tan sencilla y a la vez firme y con ideas claras orientadas a las cosas que eran verdaderamente importantes. El testimonio de su madre le había proporcionado una gran ayuda en su propio camino. Mirando aquel cuerpo pensó que, según el plan que Dios había establecido, todos debíamos pasar de esta vida a la otra. Su madre se encontraba por fin junto a su padre.

—Morimos para resucitar. Creo en la resurrección de la carne, ese es nuestro credo —se dijo a sí mismo y las palabras resonaron en su corazón.

CAPÍTULO XV: LA PESTE

Una espantosa enfermedad empezaba a hacer sentir su presencia en la ciudad y en el campo. Se contaban historias de personas que habían muerto en pocos días entre dolores insoportables, fiebre alta y continuos sudores, mientras su piel mostraba extrañas manchas moradas. Su padre le había hablado varias veces de auténticas oleadas de una enfermedad que había diezmado a gran parte de la población en los años anteriores. La desgracia había vuelto y las mejores mentes de Francia buscaban curas y remedios, pero al final no hacían más que hablar. En los días anteriores, Roque había asistido a un congreso sobre aquella extraña y oscura enfermedad que la universidad había organizado allí mismo, en Montpellier. Grandes sabios habían llegado de todo el país, pero también de España, Inglaterra e Italia. Cada uno defendía sus propias teorías. Solo estaban de acuerdo en una cosa: la enfermedad era la peste. Roque recordaba bien las palabras que había escuchado:

—La peste, señores, es el peor azote que existe. La ciencia lo ha llamado "peste", que deriva de la palabra latina *pestis* y esta a su vez de *peius*, que significa lo peor. En efecto, es la peor desgracia que puede sufrir un hombre.

Así había comenzado el primer orador. Generaciones enteras en toda Europa se habían horrorizado ante la mera mención del nombre de esa enfermedad.

—La peste es una enfermedad infecciosa que afecta a humanos y animales y se transmite por la picadura de pulgas de los ratones, aunque estos últimos pueden convivir con la enfermedad. En mi experiencia como médico he visto varios tipos de peste: bubónica, septicémica y neumónica. La peste bubónica es más común en climas cálidos y causa hinchazones glandulares rojas y dolorosas que pueden crecer hasta el tamaño de una naranja y a menudo aparecen en la ingle, debajo de las axilas o debajo de la mandíbula. He visto a muchos pacientes sufrir y morir con un dolor insoportable.

La gente estaba muriendo en grandes cantidades y un miedo intenso había invadido toda la ciudad y sus alrededores. Toda Francia y gran parte de Europa se encontraban de rodillas ante aquel azote que no tenía piedad de nadie. Los funerales se celebraban con gran prisa ante la total ausencia de los familiares, que no podían controlar el miedo a contagiarse. Los empleados del municipio cargaban al muerto en un carro junto a otros cadáveres y los enterraban apresuradamente, como para ocultar los desmanes de la muerte. El contagio era algo muy común. En pocos días, familias enteras quedaban aniquiladas por aquel flagelo desconocido y el miedo reinaba en todos los hogares. No había familia que no llorara a sus muertos. Aldeas enteras habían sido más que diezmadas y los supervivientes de la primera ola de enfermedad se refugiaban en sus casas, saliendo solo para buscar comida y agua, con infinitas precauciones. Un efecto terrible de la enfermedad eran las consecuencias psicológicas en las relaciones humanas, que habían quedado devastadas. A los pocos días, ante todas esas muertes, había surgido un estado de inseguridad en la conciencia de la gente, generándose un oscuro clima de angustia que provocaba reacciones emocionales descontroladas. El código moral se tambaleaba. La amenaza de morir como víctimas de la peste alteraba la vida y la muerte de todos. Parecía que un castigo divino quería borrar al ser humano de la faz de la tierra. Lo aterrador no era solo la terrible enfermedad, que irrumpía por todas partes con gran facilidad, sino también el carácter misterioso de aquella semilla de muerte, contra la cual de nada servían las defensas. La velocidad con que golpeaba la plaga había causado una desorientación que trastocaba todas las normas civiles, morales, religiosas o de costumbres. Todos se evitaban unos a otros y permanecían indiferentes ante el destino de sus vecinos. Los familiares ya no se visitaban y los padres y madres se distanciaban de sus propios hijos, a veces dejándolos morir sin brindarles ninguna ayuda. A menudo, la madre de varios hijos, al ver entre lágrimas que uno de ellos mostraba síntomas de estar enfermo, lo dejaba morir y se alejaba lo más posible, con la esperanza de salvar así a los demás. Si alguien se acostaba porque no se encontraba bien, los demás miembros de la casa, horrorizados, decían que iban a buscar al médico, cerraban la puerta y nunca más regresaban a aquella casa.

El mismo Roque, como gobernador, había tenido que emitir varios edictos prohibiendo cualquier forma de reunión y cerrando escuelas, posadas, albergues y lugares de reunión. En las iglesias, los fieles que participaban en las funciones sagradas lo hacían colocándose a cierta distancia unos de otros mientras se distribuía la sagrada forma a través de un recipiente unido a una varilla larga. Muchos pueblos se habían convertido en lugares de tránsito para los fantasmas de la muerte y la desesperación, a medida que la epidemia se extendía en todas direcciones. Cientos de víctimas abarrotaban las calles y el convento dominico de la ciudad estaba casi deshabitado. Eran tiempos en que la gente moría fácilmente e, incluso sin la peste, no habría sido fácil llegar a los treinta. Las mujeres se casaban entre los trece y catorce años, para quedar viudas cinco o seis años después, volver a casarse y quedar viudas al menos una vez más, con numerosos hijos que mantener. Muchas otras mujeres morían durante el parto. Pasar de los treinta y llegar a los cuarenta o cincuenta era algo muy poco frecuente e indeseable, teniendo en cuenta que quienes llegaban a esa edad ya no tenían familiares que los cuidaran. La peste mostró aún más claramente la brevedad de la vida, por lo que muchos sacaron la conclusión de que había que apresurarse para disfrutar aún más intensamente de su sabor. De aquí nació una sed incontrolable de placer hedonista, pero también una fuerte llamada a la conversión por parte de los padres predicadores ante la inminencia de la muerte y del juicio eterno.

Como la ciencia no podía encontrar respuestas a aquel ataque de una plaga sedienta de sangre, el pueblo llano buscó sus propias explicaciones. Algunos pensaban que la infección se propagaba debido a un cierto reordenamiento de los cuerpos celestes o a una conjunción particular de los planetas. Otros argumentaban que los más propensos al contagio eran aquellos que tenían el cuerpo caliente y poros grandes, de los que escapaban vapores venenosos que corrompían el aire. Otros, en fin, creían que la infección se transmitía a través de la mirada de las víctimas de la peste. El propio doctor Perpiñán opinaba que la enfermedad mataba cuando la exhalación mortal salía del cerebro o de los ojos del enfermo y entraba en los ojos de los que estaban cerca. Por esta razón, durante la visita médica el paciente debía mantener los ojos cerrados, para no contagiar al médico. La angustia colectiva vislumbraba en la plaga la ira divina o la ira de las estrellas. Los campesinos imaginaban a una niña que volaba en el aire como una especie de fuego azul y salía a la caza de nuevas víctimas. En conjunto, el terror era el verdadero protagonista de aquella época.

CAPÍTULO XVI: EL MILAGRO

El niño miró a su madre sin creer lo que estaba viendo, mientras con sus dos manitas le apretaba las mejillas, buscando un hilo de vida que no conseguía encontrar. El sudor cubría el cuerpo de la mujer, tendido junto al camino.

—¡Mamá, mamá, dime algo!

La madre ya no respondía. Por el otro lado de la calle pasaba una anciana y al ver al niño sintió pena por él.

—¡Márchate, márchate! —gritó la anciana al niño, manteniéndose a distancia.

—¿Por qué? ¡Esta es mi madre!

—Ya está muerta. ¡Márchate!

—¿Está muerta? Todos mis hermanos han muerto. Ella no puede morirse.

—Te digo que está muerta. ¡Vete!

El niño tenía seis o siete años, pero sus lágrimas, causadas por la dureza de la vida, eran las de un adulto.

—¿Está muerta…? Pero ¿por qué ha tenido que morirse? ¡Nunca ha hecho daño a nadie!

La anciana sintió una punzada de amor maternal frustrado, porque ya había perdido a cinco hijos.

—¿Ves, allí arriba, aquella colina que domina la ciudad? En las noches oscuras, cuando el viento sopla hacia la ciudad, cuando los hombres se vuelven malvados, alguien quiebra un frasco lleno de veneno sobre una piedra y deja que los vapores venenosos se extiendan por las calles y dentro de cada casa. Muchas personas inocentes, como tu madre, mueren. ¡Tú sálvate! ¡Huye!

—¿Adónde puedo ir? ¡Ni siquiera tú quieres acercarte a mí! ¿Y qué será de mi madre?

En ese momento pasaba el carro que transportaba a los muertos, anunciado por el estridente sonido de varias campanas. El carro se detuvo, bajaron dos hombres envueltos por completo como si fueran momias, agarraron sin miramientos aquel cuerpo aún tibio y lo arrojaron como si fuera un desperdicio sobre la carreta, que continuó su triste viaje.

El niño contemplaba aquellos movimientos con los ojos húmedos y seguía el carro con la cabeza agachada en silencio, mientras con su manita tocaba la mano colgante de su madre como si quisiera fortalecer el cordón umbilical ahora cortado.

—¡Vete o te contagiarás! —gritó la anciana, siguiéndolo a distancia.

—¿A dónde voy a ir? Todos mis parientes están muertos... ¡Ya lo sé, me voy contigo! —exclamó el niño, claramente satisfecho de la idea que había tenido.

—¡No, conmigo no! —respondió la anciana, después de apretar los labios y cerrar los ojos un momento.

—¿No me quieres? ¡Entonces déjame en paz! ¡Márchate!

La anciana quería llevárselo, pero... ella también tenía la peste.

—Escúchame, muchacho. Ve a ver al conde de la Cruz. Él te ayudará. Ve al castillo. Es tu única salvación.

El niño la observó mientras desaparecía por el callejón del que había salido. Mientras tanto, pasó por allí una larga fila de flagelantes. Eran penitentes que recorrían la ciudad en una larga procesión, mientras se azotaban las piernas desde la cadera hacia abajo hasta sangrar, pidiendo al cielo que calmara su cólera.

El niño vagó por la ciudad durante mucho tiempo. Vio muerte y desolación por todas partes y sintió como si él mismo estuviese muriéndose por dentro. Exhausto, se sentó en un rincón junto a un perro que yacía dormido en el suelo y que parecía estar esperando su hora. Por un instante, el niño pensó que también él tendría que esperar allí a la muerte, pero el instinto de supervivencia se apoderó de su corazón y se acordó de las palabras de la anciana.

—¡Sí, iré al castillo! El señor conde seguramente me ayudará. Mamá siempre decía que era un buen hombre. ¡Me voy!

Se levantó y se dio cuenta de que se sentía mareado. De repente el aire le pareció más frío, pero era su sudor el que estaba frío. Se sentó de nuevo para esperar un rato. Quizás solo era hambre.

Estaba anocheciendo cuando, a pesar del mareo, se encontró frente al castillo del Conde. El guardia del castillo se percató de aquella pequeña figura tambaleándose en la distancia y se le ocurrió que se trataba de una pequeña víctima de la plaga. La peste negra no perdonaba a nadie. A pesar de sus dudas sobre si abrir o no la puerta del castillo, se compadeció del pequeño que preguntaba por el conde. Al fin y al cabo, dentro del castillo ya había gente tambaleándose. Lo acostaron y le dieron a beber la preciosa triaca, una mezcla de vino, miel y azafrán que se creía que podía aliviar incluso a las víctimas de la peste. El niño cayó en un sueño profundo hasta que, después de solo un par de horas, le sobrevino una fiebre terrible y empezó a quejarse en voz alta por el sudor que lo estaba deshidratando. Roque se enteró y quiso verlo inmediatamente.

—No, mi señor conde, no lo hagáis. Podría tener la peste...

—Por lo que me has contado, es seguro que tiene la peste.

—Entonces, lo que debéis hacer es alejaros de él.

—Nuestro Señor no abandona ni siquiera a los apestados ¿y yo debería alejarme de él? ¡Cristo está presente en los pobres y en los que sufren! Si fuera tu hijo ¿lo abandonarías?

El sirviente bajó la mirada, demostrando con ello que no tenía argumentos.

—¡Responde! Si fuera tu hijo ¿lo abandonarías a su suerte o intentarías ayudarle?

—Si solo tuviera un hijo, intentaría ayudarle. Como tengo seis... lo abandonaría a su suerte para tratar de evitar que se contagiaran mis otros hijos. Intentaría salvar al menos a los demás...

—¿Dónde está el niño?

—Lo pusimos a dormir en la habitación del mozo de cuadra, cerca del granero.

Roque echó a andar de repente, como si obedeciera a una voz divina y hubiera llegado para él la hora de la misión, por la que estaba dispuesto a dar su vida.

El niño yacía sobre su lado izquierdo, cubierto desde los pies hasta el pecho por una manta de trapo. Sudaba mucho, mientras, con los ojos cerrados y el cuerpo tembloroso, deliraba incomprensible-mente, como si su joven vida estuviera a punto de abandonarlo.

—No os acerquéis más, mi señor conde... Seguro que tiene la peste...—gritó uno de los sirvientes, que se aseguraba de mantenerse a distancia del peligroso niño.

Roque se acercó, secó la frente del pequeño y lo miró con gran compasión, inclinándose ante todo aquel sufrimiento. Le movió el brazo derecho bajo de la manta y notó unas oscuras gotas de sangre que salían de su axila. Los demás sirvientes también permanecieron a una distancia segura mientras el conde, con los ojos entrecerrados y la mano derecha sobre la cabeza del niño, se volvía hacia el Padre celestial intercediendo en un elocuente silencio por aquel pequeño a quien la muerte se disponía a devorar. Al cabo de un rato, Roque susurró una oración de intercesión y trazó, con el pulgar de la mano derecha, la señal de la cruz sobre la frente del niño antes de salir de la habitación. El buen Dios escuchó esa petición de vida y conce-dió lo que se le pedía. La fiebre desapareció como por encanto y el sudor cesó inmediatamente. El niño no solo ya no se quejaba, sino que incluso abrió los ojos, mientras una nueva serenidad lo llenaba de vida.

—Mi señor conde, mi señor conde... ¡Rápido, venid!

—¿Qué sucede, Francisco?

—Venid, mi señor. El niño se ha recuperado misteriosamente. Los sirvientes dicen que fuisteis vos quien lo curó. Es un milagro... ¡es un milagro!

—¿Qué tonterías estás diciendo, Francisco? ¿Desde cuándo curo yo a la gente de la plaga? ¡Ojalá tuviera ese don de Dios! ¡Recorrería Europa para salvar a la mayor cantidad posible de personas de este flagelo!

Mientras tanto, el niño se iba animando y les decía a todos que se sentía muy bien. También se lo dijo al conde, quien no pudo evitar arrodillarse para dar gracias a Dios, que había escuchado su oración, es más, que había realizado ese milagro, porque el autor de los milagros es siempre Dios. A los pocos minutos, todos los sirvientes gritaban que se había producido un milagro, mientras Roque aún no se daba cuenta de lo que había sucedido. Estaba convencido de que Dios podía obrar milagros, pero que quisiera hacerlos a través de él parecía muy poco probable, a la vez que se sentía molesto por todo el alboroto que estaban armando los sirvientes.

—¡Silencio! ¡Basta ya! ¡No habido ningún milagro! No sé hacer milagros, soy un pobre pecador que aún no tiene muchas cosas claras en su vida. Todavía no he descubierto el plan de Dios para mí y necesito pedir consejo a personas con más fe que yo. ¡En lugar de hablar de milagros, orad por mí y volved a vuestras ocupaciones!

—Mi señor conde, mi señor conde... Por favor, ayudad también a mi hija. Curadla como curasteis a ese niño. ¡Os lo ruego!

Todos los sirvientes, unas treinta personas en total, intentaban hablar con él y tocarlo, pidiéndole que repitiera aquel milagro mientras Roque intentaba liberarse como podía. Cuando por fin logró refugiarse en su oficina, custodiado por los guardias, se acercó a aquel crucifijo con el que tantas veces había hablado, lo miró como si fuera la primera vez, suspiró y cayó de rodillas, sin palabras.

—Señor, Dios mío —rezó por fin—, os pedí que me mostrarais el camino a seguir y me habéis dado una respuesta, una respuesta tan sorprendente que apenas puedo creerla. Ya no puedo quedarme aquí. ¡Tengo que irme!

Luego llamó a Francisco y le dijo que ordenara a los sirvientes que no contaran a nadie lo que había sucedido. Todos prometieron guardar el secreto, incluido el niño del milagro, pero no lo hicieron. La noticia atravesó los valles y llegó a todas partes con la misma velocidad que la peste, trayendo esperanza y ayudando a los hombres a volver la mirada hacia el cielo.

CAPÍTULO XVII: ROQUE ENCUENTRA SU VOCACIÓN

Pasó el tiempo y los días se sucedieron en un gorgoteo incesante, como si quisieran tragarse el tiempo en un remolino sin fin. Roque guardaba en su corazón todas las experiencias que la vida le había ido deparando.

—¡Qué extraña es la vida! Me siento solo y con pocas ganas de vivir, pero Dios me atrae hacia su plan... que aún no entiendo bien. Si mi padre o mi madre estuvieran aquí...

Presentía que su destino estaba lejos de Montpellier, lejos del camino que parecía obvio como buen marido y padre de muchos hijos, de la seguridad que podía encontrarse en el prestigio, el poder y la comodidad, del cariño hacia Marie con quien, a veces, había pensado compartir su vida.

Dios, en su infinita bondad y misericordia, a través de esos caminos oscuros que a menudo nos parecen tinieblas a los hombres y que, en realidad, son solo desconocidos pero necesarios, lo estaba preparando para algo que ni siquiera Roque imaginaba: a través de él conduciría a muchos hacia sí.

Una noche, Roque se despertó sobresaltado. Había sucedido antes, pero aquella vez sintió una sensación de angustia. Su sueño se interrumpía a menudo por aquellas extrañas preocupaciones que lo atormentaban desde hacía tiempo. Se arropó y trató de volver a dormir. Faltaban al menos tres horas para el amanecer. Se quedó dormido nuevamente, pero no por mucho tiempo: una extraña figura femenina, muy dulce y con una voz persuasiva, le habló.

—¿Por qué quieres irte? ¿No eres gobernador de Montpellier como lo fue tu padre? Dios tiene un plan para ti: te hizo nacer, después de muchas oraciones de tus padres y de todo el pueblo, en esta época histórica, aquí mismo, en Montpellier, en una familia noble y te confió un condado para gobernar. ¿Cómo puedes rechazar este plan de Dios para ti? ¿Dios te llamó aquí y tú quieres huir? ¿Acaso sabes mejor que Dios lo que es bueno para ti?

—¡No, no quiero huir! ¡Quiero ser un peregrino siguiendo las huellas de Cristo! ¡Deseo ir a Roma para orar por todo mi pueblo, por los pobres y los enfermos, por mis padres y por mí, ¡confesando mi fe ante las tumbas de San Pedro y San Pablo!

— ¿Y qué necesidad hay de ir a Roma? ¿Es que no se puede rezar a Dios aquí también?

—Claro que se puede, pero hacerse el último, exponiéndose a los peligros de un viaje, dispone mejor el alma a escuchar y leer los signos de los tiempos.

— ¡Puedes ser el último también aquí! ¡Tu alma puede abrirse a la escucha y a la lectura de los signos de los tiempos permaneciendo aquí! ¿No será que te has creado tu propio ideal del cristianismo? ¿Por qué lo que tienes aquí no te basta para ser cristiano?

—Siento que Dios me llama a emprender esta peregrinación a Roma para mostrar al mundo la belleza de seguir las huellas de Cristo afrontando las inseguridades y peligros que arrostró Nuestro Señor.

—Sientes que Dios te llama... ¡Es Él quien es Dios! ¡No tú! ¡Lo que Él hizo, tú no puedes hacerlo! ¿No será tu orgullo lo que hace que te atrevas a compararte con Él?

Roque permaneció en silencio.

—¡Quédate en Montpellier! ¡Dios te quiere aquí! ¡Dios está en tu historia, no en tus sueños! —insistió la figura femenina—. ¡Quédate, reza, ayuda a los pobres! Si te vas no podrás ayudar a los pobres y los enfermos, a quienes siempre has atendido. Incluso tu padre te los recomendó en su lecho de muerte. ¿Cómo podrán vivir sin ti? ¿Por qué quieres traicionarlos? ¡Quién sabe cómo los tratará el nuevo gobernador! ¡Si sufren, será por tu culpa!

La voz comenzaba a parecer dulce, razonable y perfecta. Los dos permanecieron en silencio como si trataran de leer el futuro. Al menos Roque intentaba hacerlo, mientras la voz fingía.

—Y además, tus riquezas, tu cultura, la carrera militar y diplomática para la que tu padre quiso prepararte... ¿Quieres tirar todas esas cosas a la basura? ¡Dios te las confió por medio de tu padre para que por medio de ellas sirvieras a los pobres! ¡Y cuántos pobres hay en Montpellier!

—¿Riquezas? ¿Carrera? ¿El prestigio del rango? Cosas bellas, ciertamente, pero que no sacian el hambre de infinito que Dios ha puesto en mi corazón. Puede que satisfagan el hambre del mundo, ¡pero no la que yo siento!

—No te fíes demasiado de lo que sientes. ¡Escúchame! Tu padre y tu madre hicieron muchos sacrificios por ti. ¿Quieres decir que tus padres estaban equivocados? Quién sabe en qué manos terminarán tus bienes si te vas. Si abandonas Montpellier, no sabes si volverás. ¿Por qué tienes que adentrarte en ese oscuro futuro? ¡Te arrepentirás! ¡Mejor cásate! ¿No sientes amor hacia Marie? Cásate y ten hijos que puedan heredar tu fortuna y ayudar a los pobres cuando tú ya no estés. ¿No fue eso lo que hizo tu padre? ¿Vas a hacer una peregrinación? ¿Por qué? ¿Por qué afrontar la incertidumbre, los peligros, las enfermedades? No estás preparado para todo eso, ni para vivir en la precariedad. Nunca la has probado realmente y fracasarías. ¡Dios te quiere aquí! Mata esa parte de ti que quiere complacerse a sí misma para su propia gratificación, haciéndote emprender una peregrinación. Sirve a Dios aquí, sin llamar la atención. Si abandonas tu título nobiliario y tus riquezas, tus certezas y comodidades para seguir una determinada idea del cristianismo, una jaula que has construido para tu lujuria espiritual, no solo todos pensarán que estás loco, sino que también tendrás que responder ante Dios. ¡Abandona esas ideas y proyecciones! Tu historia es esta, se encuentra aquí y no puedes despreciarla, ni siquiera con la excusa de tus ideas sobre la santidad.

La voz sonaba cada vez más dulce y razonable, pero entonces Roque tuvo una duda.

—¿Quién eres tú? —preguntó a la voz

—¿Que quién soy yo? Un ángel. ¿No te has dado cuenta?

—¡Ah, eso está mejor! Empezaba a tener dudas.

—Nosotros, los ángeles, estamos al servicio de los hombres. ¡Les ayudamos para que no se desvíen!

Instintivamente, Roque se levantó, se tapó lo mejor que pudo y se arrodilló, abriendo los brazos.

—Señor, te doy gracias por mostrarme el camino de tu voluntad y por ayudarme enviándome un ángel, un ser superior a mí por naturaleza. ¡Me lo has enviado a mí que soy polvo!

Se volvió hacia el ángel para preguntarle por qué no se arrodillaba él también, pero se dio cuenta que había desaparecido. ¡El ángel no podía arrodillarse! Ante la humilde oración de Roque solo podía desaparecer porque la humildad ahuyenta todo lo que no le pertenece y aquel ángel no podía ser humilde. No era humilde en absoluto.

CAPÍTULO XVIII: ROQUE RENUNCIA A SUS BIENES

Al amanecer de un maravilloso domingo de mayo, un sol radiante brillaba sobre el castillo, despertando la vida que se elevaba, en las flores y toda la naturaleza, hacia el cielo azul. Roque, sentado en el escritorio de su oficina, miraba con expresión tranquila el pequeño crucifijo fijado a la pared amarillenta que tenía frente a él. De hecho, parecía que el crucifijo lo estuviera mirando a él. Ambos se entendían y ninguno de los dos hablaba porque no había necesidad. Roque sostenía una pluma de ave en la mano y se acariciaba la mejilla derecha con movimientos lentos, como si estuviera esperando algo. El Crucificado y el enamorado del Crucificado se miraban, absortos, el uno al otro y transcurrió bastante tiempo en ese elocuente silencio. Por fin, como si se recuperara de un letargo silencioso, pareció que Roque tenía prisa. Mojó la pluma en el tintero y firmó la hoja de papel que tenía ante sus ojos: Roche De La Croix, Roque de la Cruz.

Fue la firma más meditada de su vida. Había orado y ayunado durante más de un año, con ganas y sin ganas, para que Dios le ayudara a encontrar su vocación, su camino, su misión. Al firmar aquella escritura estaba renunciando a todas sus posesiones en favor de los pobres. Un poco menos de la mitad de sus bienes sería para los franciscanos, que la distribuirían entre los pobres hasta el último céntimo, y la misma cantidad iría a parar a los dominicos, donde había estudiado derecho y el arte de la medicina, con el fin de que sirviera para atender a las necesidades de los pobres de los que ellos cuidaban. La última parte de sus bienes, la indispensable para poder gobernar, pasaría a su tío Víctor, a quien también cedía el título nobiliario, así como el cargo de gobernador de Montpellier y de todo el condado. Había pensado mucho antes de escribir y firmar aquel documento, había orado largamente y había tenido que luchar, porque un ángel caído al que le molestaban esos pensamientos se interponía en su camino. Sus ojos todavía estaban hinchados por no haber dormido durante varias noches seguidas, pero ahora que era pobre, no solo no tenía miedo, sino que incluso se sentía feliz, feliz de no poseer nada. Era realmente extraño, pero le parecía como si hubiera venido al mundo en aquel mismo momento. Se levantó, se acercó al crucifijo, lo miró de nuevo encantado, como si lo viera por primera vez, y permaneció así unos instantes.

Entonces, súbitamente, cayó de rodillas con tanta fuerza que sintió el peso de su cuerpo sobre la rótula de la rodilla derecha mientras mantenía el equilibrio con el pie izquierdo. Su cabeza estaba inclinada, su rostro casi tocaba su rodilla izquierda, mientras que su cabello y su espesa barba rojiza parecían enmarcar unos ojos vivaces, aunque algo desorbitados. Roque era un buen luchador, pero aquel ángel caído, envidioso de su amor a Dios, de aquel ardor, lo había sometido a una dura prueba, tentándolo más allá de toda medida. Permaneció en esa posición mucho tiempo porque no deseaba nada más que estar en comunión con Dios. Al firmar la escritura se había sentido renacer y comenzó a cantar interiormente:

—¿Qué me pides hoy, Señor?

¡Que me convierta!

¿Y qué es lo bueno para mí hoy?

¡Que me convierta!

¿Y qué necesita el mundo entero?

¡Que me convierta!

Me ha llevado toda una vida descubrir esto, lo que el mundo realmente necesita. ¡He luchado y he sufrido, pero ha valido la pena! ¡Ahora debo perseverar con tu ayuda, Señor! ¡Perseverar hasta el final! ¡Te ruego que me des fuerzas para cumplir mi resolución!

El silencio y el aire fresco de la mañana parecían querer confirmar su buena intención. Roque recurrió, como siempre hacía en los momentos importantes, a nuestra Señora de las Mesas para que intercediera en su favor.

—Madre de Jesús y Madre nuestra, ¡intercede por mí! Mis padres recurrieron a ti incluso antes de que yo naciera y tú los escuchaste. ¡Intercede ahora por mí para que pueda mostrar a todos los hombres la bondad misericordiosa de tu Hijo y pueda demostrar, con mi propia vida, que la verdadera libertad consiste en seguir sus huellas! Concédeme el don de ayudar a los enfermos y a los pobres, el don de amarlos más que a mi propia vida, el don de ver el rostro de tu Hijo en sus rostros.

Fue entonces cuando se le apareció un ángel del cielo porque Dios mismo se había comprometido con él a preparar una historia de salvación para todos los hombres.

—No, Señor. Te ruego que no me envíes a tu ángel. Soy el último y no merezco tanto consuelo, solo quiero seguir siendo el último, como el mismo Jesús se hizo el último. Aunque era Dios y estaba libre de culpa, se hizo último, obedeciendo hasta la muerte de cruz, muerte de criminal.

Fijó su mirada en el crucifijo y prometió pertenecer enteramente a Cristo, hasta su último aliento. El buen Dios vio aquella humildad y Jesús, clavado en el madero, desclavó su brazo derecho para agarrar a Roque y subirlo a la Cruz, cuyas cuatro tablas de madera rugosa abarcan la historia humana más allá del tiempo e introducen a todos en espacios infinitos.

—Mirar la cruz desde el punto de vista del mundo produce extrañeza —pensó Roque—, pero mirar el mundo desde el punto de vista de la cruz suscita ternura hacia cualquier hombre, especialmente los pobres y los enfermos, los últimos, los marginados…

—¡Francisco! ¡Francisco! —gritó por fin.

Francisco estaba en la otra habitación y escuchó que su señor le llamaba, pero ya no podía correr hacia él, porque el dolor en sus piernas se lo impedía. Aunque había envejecido y todo eran achaques, cada vez estaba más orgulloso de servir a Roque, a quien amaba como a un hijo. Había llorado mucho la muerte del conde Juan, pero, desde aquel día, había servido con mayor devoción aún a Roque, sabiendo que así seguía honrando al antiguo conde. Además, Roque había sido muy generoso con Francisco y su familia.

—Aquí estoy, mi señor —respondió Francisco abriendo la puerta—. ¿Qué deseáis?

Roque estaba de pie junto a la puerta, sosteniendo en su mano el documento que había firmado, cuidadosamente enrollado y cerrado con lacre, en el que había colocado el sello de la familia de la Cruz.

—¡Lleva este documento al notario del condado y dile que ejecute inmediatamente las disposiciones del gobernador de Su Majestad el Rey de Francia en Montpellier! —dijo Roque, mirando a su criado y hablando con tono solemne, el de las grandes decisiones.

Francisco cogió el documento, preguntándose qué estaría escrito en él. ¿En plena madrugada y en domingo su señor tenía que mandarlo al notario? Tenía que ser algo muy importante. Iba pensando en ello mientras arrastraba sus piernas doloridas, pero hizo lo que el conde le había ordenado.

TERCERA PARTE

CAPÍTULO XIX: LA PARTIDA

Roque deambuló durante la mayor parte del día por Montpellier, atravesando los callejones donde el hedor de la carne humana al terminar su recorrido se hacía cada vez más fuerte. Reflexionaba sobre el sentido de la vida y su deseo de convertirse en un romero y peregrinar hacia la Ciudad Eterna, al tiempo que contemplaba aquellos cuerpos destrozados por la terrible enfermedad. Ayudó a algunos y oró por ellos, pero quedó tan impactado por el sufrimiento que pidió a Dios que le volviera a otorgar el don de curar a las víctimas de la peste. Solo Dios podía salvarlos. Sabía que al día siguiente al alba partiría para Italia, rumbo a Roma, pero antes quería recibir la bendición del obispo de Maguelonne. El prelado estaba allí mismo, en Montpellier, y quería aprovecharlo. Llegó a la iglesia, frente a la estatua de nuestra Señora de las Mesas, cuando el sol acababa de salir tras las rojizas montañas, apoyándose en la vara que había encontrado en la calle y que le servía de fiel bastón para caminar. Aparte del bastón, solo llevaba consigo un pequeño paquete con un trozo de pan seco.

—Si esta intención mía de ir en peregrinación a Roma es una inspiración que Dios ha puesto en mi corazón, si es realmente así y no se trata de una fantasía mía, entonces Dios mismo me ayudará —se dijo a sí mismo—. No necesito llevar nada. Todo lo que no sea esencial es solo una carga inútil.

Había oído que el obispo estaba en la iglesia y quería pedirle que le diera su bendición antes de emprender el viaje hacia lugares desconocidos. La puerta del santuario estaba entreabierta y parecía estar esperándolo. Con la mano derecha la acarició antes de empujarla suavemente. Entró, se postró, besó el suelo de aquel lugar sagrado, y permaneció en silencio, como escuchando. Después se levantó y alzó la vista, con una mirada interrogante. Se acercó al altar mayor y, al sentir el penetrante olor del incienso que se elevaba hacia el cielo, unió a él sus plegarias. En aquel mismo lugar había sido bautizado veinte años antes. Sus padres lo habían sostenido en sus brazos con aprensión para que la santa Madre Iglesia lo hiciera nacer a la vida nueva, acogiéndolo libremente en su seno. Bendijo a Dios porque veía iluminado el significado de toda su vida pasada y el lugar le llamaba a reflexionar sobre ella. Liberata y Juan le habían enseñado que su verdadera Madre era la Iglesia y, por primera vez, le pareció que ambos estaban bien donde estaban, mientras que a él todavía le quedaba por cumplir una misión, la de ayudar a todos aquellos que Dios pondría en su camino. Liberata y Juan lo habían engendrado para esta vida, pero la Iglesia lo había engendrado para la vida eterna. Estaba tan absorto en sus pensamientos que no se dio cuenta de que alguien se acercaba a él.

—¡Roque...!

—¿Tío Víctor? ¿Qué estás haciendo aquí?

Su tío lo miró en silencio mientras la puerta lateral del santuario se abría, dejando entrar a alguien que, lentamente, se acercó también para sentarse a poca distancia de Roque. La noticia de la inexplicable curación se había extendido y su repentina popularidad era una de las razones que empujaban a Roque a abandonar Montpellier. Le molestaba que la gente lo mirara como si fuera un fenómeno, especialmente porque solo Dios puede hacer milagros. Poco a poco, más personas iban entrando en la iglesia, aunque se mantenían a distancia unos de otros.

—¿Qué están haciendo aquí? ¿Por qué han venido?

—Han venido hasta aquí para presenciar la partida de su más ilustre peregrino.

—¿Cómo que ilustre...? Me parece que el único ilustre es Aquel que hizo el milagro. Oremos a Dios y pidámosle las gracias necesarias para afrontar la peste y las enfermedades. Además, cuando se reúne tanta gente, ¿no hay mayor riesgo de contagio?

—Sí, pero creen que puedes curarlos de la peste y no quieren que te vayas. Eres su única esperanza... Nuestra única esperanza.

Fue entonces cuando Roque notó que su tío Víctor también tenía la tez pálida, pero era solo cansancio. Roque suspiró profundamente, alzó la mirada hacia el techo y luego, en silencio, rezó en su interior. Cuando abrió de nuevo los ojos, miró aquellos rostros cansados y demacrados y se dio cuenta de que todos le resultaban familiares.

El obispo había sido informado de las intenciones de Roque de convertirse en peregrino y fray Bernardo lo había preparado todo. Sonó una campana y alguien empezó a cantar mientras el obispo subía al altar mayor. Todos se pusieron en pie y Roco se postró con su frente tocando el suelo, hasta que el obispo se acercó a él y lo levantó. Después le hizo un gesto para que se preparara para recibir el hábito de peregrino. Roque se desnudó, excepto la ropa interior, y se puso de pie ante el obispo con las manos entrelazadas mientras lo cubría con un saco, en cuyo fondo se había hecho un agujero para que pasara su cabeza y dos más a los lados para que pasaran sus brazos. La vestimenta se realizó en silencio y Roque se sintió plenamente en paz. Mientras el obispo le ponía el hábito de peregrino, mantuvo las manos entrelazadas y luego las extendió hacia los dos agujeros laterales con un movimiento que recordaba al de los nadadores.

—Sí, este vestido me invita a nadar, a zarpar hacia otras orillas. Las orillas que Dios conoce y que yo, con su ayuda, descubriré.

—Recibe, Roque, este hábito de peregrino —dijo el obispo—, hábito de precariedad, signo de que Dios te reviste de lo esencial, el hábito de tu peregrinación a las tumbas de los santos apóstoles Pedro y Pablo, para que al final de tu viaje puedas regresar felizmente y con buena salud por la gracia de Dios, que vive y reina por los siglos de los siglos.

Roque pronunció su "amén", seguido por el de todos los presentes.

—En nombre de nuestro Señor Jesucristo, recibe, Roque, esta bolsa, símbolo de tu peregrinación a las tumbas de los santos apóstoles Pedro y Pablo, para que al final de tu viaje puedas regresar felizmente y con buena salud por la gracia de Dios, que vive y reina por los siglos de los siglos.

—¡Amén!

—Recibe, Roque, este bastón, que será tu consuelo en la fatiga del camino a lo largo de tu peregrinación, para que superes todas las insidias del enemigo y llegues en completa tranquilidad a las tumbas de los santos apóstoles Pedro y Pablo, de modo que al final de tu viaje puedas regresar felizmente y con buena salud por la gracia de Dios que vive y reina por los siglos de los siglos.

El tercer "amén" conmovió el corazón de Roque y de aquella gente. Después, el obispo le dio la Comunión y lo bendijo.

Estaba realmente necesitado de bendición. Se volvió y contempló de nuevo todos aquellos ojos…Entre ellos estaban los del viejo Francisco, el fiel sirviente que luchaba por mover un brazo, a pesar del dolor en las articulaciones. También estaban allí los hijos de Francisco, con sus esposas. Había muchas personas a las que había beneficiado a lo largo de los años. Solo faltaban aquellos que la peste se había llevado. Muchos de los presentes lloraban, incluida una aún incrédula María…

—Quédate aquí esta noche y te irás mañana al amanecer —le dijo su tío Víctor, pensando que la multitud impediría que se marchara y así podría llevarlo a casa.

Roque sabía que habían ideado un plan para evitar que saliera de Montpellier, haciendo guardia por turnos. ¿Por qué dejarlo ir si realmente podía acabar con la peste?, pensaban. Aceptó y fingió echarse a dormir allí en un granero, junto al santuario. En mitad de la noche, se envolvió una capa negra y, amparado por la oscuridad, escapó de lo que le parecía un encarcelamiento. Se marchó en silencio, como un fugitivo, pero sintiéndose finalmente libre de seguir a Dios por caminos desconocidos. Viajaba solo bajo la mirada de las estrellas, que pronto se convertirían en sus amigas.

Parecía que el cielo amenazaba lluvia, así que tomó el sombrero de ala ancha que Francisco le había dado y se cubrió la cabeza. De vez en cuando, lo asaltaba el miedo a lo desconocido. Había viajado mucho por el condado y las posesiones de los señores vecinos, pero siempre a caballo o en un carruaje, bien protegido por sus fieles guardias. Ahora iniciaba su camino pobre e indefenso, expuesto a los bandidos, las enfermedades, el hambre y lo desconocido. Consciente de los riesgos que iba a afrontar, se ciñó las caderas con la verdad de la Palabra de Dios, empuñando las armas de la luz. La bolsa que llevaba al hombro le parecía la armadura de la fe y el sombrero de ala grande, el yelmo de la salvación. El bordón, es decir, el bastón largo de peregrino recibido de manos del obispo, era como la espada del espíritu con la que lucharía en muchas batallas, en las que todo hombre tiene que combatir contra los espíritus del mal que viven este mundo tenebroso. Para darse ánimos, comenzó a pronunciar el nombre de María una y otra vez durante la noche y sintió cómo una gran dulzura y la fuerza de lo alto descendían sobre él. El nombre de María hacía presente en su interior a la persona misma de nuestra Señora, porque lo invocaba con fe y corazón de hijo.

—Es un nombre que sana, tranquiliza, infunde valor y llena de alegría —se dijo, sintiéndose tranquilo y con más fuerzas.

Se detuvo en el puente y, mirando hacia Montpellier, vislumbró a lo lejos su querida ciudad, de la que Dios le había llamado a salir. La oscuridad le pareció luminosa, porque tenía en sus ojos la verdadera luz, que le guiaba.

CAPÍTULO XX: LA ANCIANA DE ARLÉS

Solo habían transcurrido tres días desde su partida nocturna de Montpellier como un fugitivo o un bandido. Estaba convencido de que quedarse allí no era la voluntad de Dios para su vida y, a pesar de los miedos humanos propios de alguien que se dirigía hacia lo desconocido, había partido sabiendo que su vida estaba en manos de Dios, que lo amaba. Este convencimiento le daba la fuerza y el valor que necesitaba. Dios, a través de la muerte de sus queridos padres, lo había llamado a cortar lazos con su vida anterior, los lazos afectivos que lo ataban a aquellos lugares y aquella tierra donde la riqueza y los honores parecían querer devorarlo y convertirlo en un rico acomodado. Ahora ya se sentía más parecido a su amado Jesús, porque estaba siguiendo los pasos de San Francisco de Asís, pobre según el mundo, pero lleno de la verdadera riqueza que dura para siempre.

Caminaba con paso cansado, porque su cuerpo aún estaba aprendiendo a obedecerle y a no quejarse. Tenía los pies hinchados y su rostro había palidecido por el cansancio y la falta de alimento. Apenas había comido un poco de pan seco mientras respiraba el aire punzante de aquellos valles. En su interior repetía incontables veces los nombres de María y Jesús. Caminó durante horas y después se sentó un rato a la sombra, mientras se secaba el sudor. Volvió a emprender la marcha lentamente, sin prisa alguna, subrayando cada paso con aquel canto que sentía salir de su corazón y en agradecimiento por la enorme gracia de haber podido escuchar y guardar en su corazón el poderoso kerigma que lo había puesto en camino[11]. Cuando adelantaba el pie derecho, invocaba el nombre de Jesús y, a la vez que movía el izquierdo, invocaba el melodioso nombre de María. Su latido del corazón se fue acompasando a ese ritmo, hasta que ya no estaba seguro de si sus pasos iban al compás de los latidos de su corazón o si su corazón latía al ritmo de sus pasos.

—Jesús... María..., Jesús... María...

Pensar en Jesús y María hizo que se olvidara de su cansancio y hasta de sí mismo. Le parecía que eran tres los que viajaban, sufrían, ayunaban y llevaban juntos el peso de lo que serían las dificultades del futuro. Sintió una profunda sensación de paz. También pensó mucho en San Francisco de Asís, que, siguiendo las huellas de Cristo, siendo rico se había hecho pobre y tanta influencia había tenido en su formación espiritual.

—¿Y mi ángel de la guarda? —se preguntó—. Sí, mi ángel de la guarda siempre me ha cuidado. Seguramente no me dejará ahora... ¡Eso significa que somos cinco!

Los cinco viajaron y sufrieron juntos y, como no oyó a ninguno de los otros cuatro quejarse, él tampoco se quejó, no atreviéndose a pensar que le correspondiera mejor suerte que a los demás. Mientras hablaba así consigo mismo, oyó el rumor de un arroyo. Era agua viva, cristalina y fresca. Se sentó junto a aquel don y agradeció a Dios que hubiera creado el agua, porque todo se le presentaba como una gracia. Estaba a punto de beber un sorbo con la palma de la mano cuando se dio cuenta de que por allí debía haber pasado algún peregrino del camino de Santiago. Por aquel tramo del camino, los peregrinos que habían ido a Santiago hacían el recorrido de regreso,

---

11   Kerigma es la palabra griega que se refiere al anuncio del Evangelio de la salvación en Jesucristo.

parando en Montpellier, y alguien había olvidado allí una gran concha[12].

—Dios no solo me da agua —dijo, tomando la concha en sus manos—. También me da la copa. Solo tengo que llenarla de agua y beber. ¡El resto ya lo ha hecho Dios y seguirá haciéndolo! ¡Es estupendo!

Al atardecer, vio algunas casas a lo lejos. Había llegado a Arlés, a setenta kilómetros de Montpellier. Arlés, a orillas del Ródano, era la capital del antiguo reino de Provenza, en el sur de la Galia. Había estado allí un par de veces, pero solo por asuntos del condado, ciertamente no como peregrino, y sabía que en aquella zona había muchos monumentos del viejo imperio romano y grandes maravillas de arte cristiano. Se dirigió a la catedral de San Trófimo[13] para recogerse en oración antes de buscar refugio para pasar la noche.

La catedral aún estaba abierta a los viajeros, a pesar de quela peste estaba sembrando desconfianza y cautela más allá de toda lógica. Las personas se mantenían alejadas unas de otras, con cuidado de no mirarse a los ojos, mientras el sufrimiento se extendía por todas partes.

—Dios mío, ¡cuánto dolor! ¡Cuántas vidas jóvenes se acercan a su fin! —exclamó Roque.

Antes de entrar en la catedral, una mujer sucia y encorvada, se acercó a él, aunque estaba enferma, y le pidió limosna como si su vida viniese del dinero. Era lo único que había hecho durante muchos, muchos años.

---

12 Tradicionalmente, los peregrinos que llegaban a Santiago de Compostela recibían una concha grande o vieira, como signo de haber concluido su peregrinación. San Roque suele ser representado con la concha cosida a sus ropas, aunque no peregrinó a Santiago.
13 San Trófimo fue el primer obispo de Arlés, enviado por el papa Fabián I para evangelizar entre los galos.

—Soy un peregrino en camino hacia Roma. ¡No tengo dinero, pero rezaré por ti!

—¿Rezar por mí? ¿Por qué? No reces por mí, ¡no valgo nada!

—¿Por qué dices que no vales nada?

—¡Dame dinero! Quiero mucho dinero para pagar a un médico que pueda curar mi enfermedad. Eres un peregrino y todos te dan limosna, todos te acogen. Seguro que tienes dinero guardado, porque no creo que los peregrinos seáis tan estúpidos como para partir hacia lo desconocido sin un céntimo. ¡A menos que estés loco!

Mientras decía esto, sujetó el brazo derecho de Roque para que no huyera, porque eso es lo que hacían todos, huir de ella, pero Roque no intentó huir.

—¿Por qué dices que no vales nada?

Sus miradas se cruzaron y los dos se miraron durante un rato, hasta que la mujer comenzó a alejarse. Roque dio unos pasos hacia ella.

—¿Por qué dices que no vales nada? —volvió a preguntar Roque—.No hay hombres ni mujeres que no valgan nada. Cristo dio su vida, cada gota de su sangre, por el peor hombre que haya existido. Él dio su vida por ti. Eso significa que vales mucho.

Fue un instante y una lágrima, muy pequeña, se escondió entre los párpados medio cerrados de aquella mujer encorvada. Era la primera vez en más de veinte años que alguien le decía que ella valía algo, que valía tanto que Cristo había dado su vida por ella. Aquel peregrino la había mirado a los ojos, sin tener en cuenta que podía contraer la peste. ¿Por qué?

—Dios te ama. Aunque todos te rechacen ¡Dios te ama!

—¡No lo merezco, no merezco nada!

—¿Y quién podría merecer un amor tan grande, tan ilimitado y gratuito, si no fuera porque Cristo nos justifica?

—Pero he hecho cosas horribles...

La mujer se sentó en uno de los escalones de la puerta lateral, acurrucada, sosteniendo su cabeza entre sus manos como para protegerse de un torbellino de recuerdos. Roque se acercó y se sentó a su lado, como si fueran viejos amigos. Dejó la bolsa y el bastón en el suelo y también sostuvo la cabeza entre las manos, sin pronunciar palabra. Transcurrió algún tiempo, mientras los caminantes pasaban a su lado con desconfianza, hasta que la mujer volvió a hablar al peregrino.

—¿Quién eres, forastero?

Estaba a punto de responder que era Roque de la Cruz, antiguo conde de Montpellier y señor del Languedoc y de Mallorca, cuando se dio cuenta de que ya no era el mismo. Ese hombre ya no existía. Se habría casado con María y habría tenido muchos hijos, habría gobernado como su padre en nombre de los reyes de Francia y habría vivido hasta la vejez con comodidad y lujo, haciendo el bien. Pero, entonces, ¿quién era él? Por primera vez desde que había emprendido la peregrinación se hizo la pregunta… y permaneció en silencio.

—Soy un hombre que busca a Dios —dijo, por fin.

—¿Y por qué lo buscas?

—Porque Él me buscó primero.

—Yo era joven y despreocupada —replicó ella—, me gustaba divertirme e ir a fiestas, viajar, montar a caballo, e incluso manejaba bien la espada, mejor que muchos hombres. Era una mujer muy hermosa y muchos le habían pedido mi mano a mi padre. Había tenido muchos pretendientes y me enamoré de un chico de mi edad. Mi padre, en cambio, me entregó en matrimonio a un caballero local que tenía su misma edad, porque su negocio iba mal debido a su afición al juego. Tenía enormes deudas con el hombre que se convertiría en mi esposo y el matrimonio lo salvaría. No podía desobedecer la orden de mi padre, pero tampoco quería dejar al muchacho del que me había enamorado. Me convertí en su amante y nos descubrieron los sicarios de mi marido, que lo mataron después de torturarlo. Lloré hasta que me ardieron los ojos y, durante años, guardé un rencor infinito contra mi padre y mi marido, jurando que los mataría entre atroces torturas, para que sintieran mi dolor y así poder pagarles con la misma moneda. Me volví fría y me sentía violada hasta la médula cada vez que aquel hombre se acercaba. Sentía asco por todo y por todos, me encerré en mí misma esperando el momento más propicio para vengarme. Me quedé embarazada y aborté para demostrar desprecio hacia quien llamaban "mi marido". Concebí por segunda vez y traté por todos los medios de abortar porque odiaba el fruto de la violencia que estaba sufriendo. No tuve éxito porque cuatro mujeres contratadas por mi marido se turnaban para vigilar cada uno de mis movimientos, día y noche. Di a luz y ni siquiera quise ver al niño, jurando, en el mismo momento de su nacimiento, que lo mataría también. Mientras tanto mi padre murió de peste, solo como un perro, sumergido en deudas, pústulas y bubones. Bajo mi aparente calma, la maldad dentro de mí crecía día a día, hasta cegarme. Un día logré drogar a las mujeres que me vigilaban para así poder burlar su vigilancia. Aplasté el cráneo de mi marido, que estaba borracho, hasta matarlo y maté también a aquel niño que nunca quise, asfixiándolo sin piedad. Después hui a caballo, horrorizada por el mal que había hecho creyendo que me compensaría por todo lo que había sufrido. Más bien, me sentí invadida por un horror hacia mí misma del que quería escapar. Me caí del caballo y perdí el conocimiento, porque en esa caída se me rompieron dos vértebras. Por la noche no podía dormir del dolor, pero sobre todo era el rostro de aquel niño gritando su inocencia lo que me mantenía despierta. Grité más que él porque no podía soportar esa terrible verdad. Había matado a un ser inocente, a dos en realidad, y Dios no podía perdonarme. Sufrí una dura condena de prisión, pero incluso de allí me echaron como si estuviera loca, porque por las noches no dejaba de gritar. Incluso hoy, veinte años más tarde, en cuanto logro dormirme unos minutos vuelvo a ver esa cara. Hace veinte años que pienso en hacer penitencia, pero no tengo valor. Tuve que vender la casa y, al no tener con qué vivir, vivo de la caridad de los viajeros. Ahora que nadie me defiende y todos huyen de mí con horror, me gustaría tener junto a mí a aquellos hijos que asesiné. Ya no tengo valor para pisar una iglesia y me quedo siempre aquí, delante de la catedral, sin fuerzas para entrar porque ese niño, y el que nunca nació, me gritan que para mí no puede haber perdón. Me han salido unas manchas raras en la piel... y tengo miedo. Necesito un médico, un buen médico que pueda curar todas mis enfermedades y enderezar mi espalda. Se necesita dinero, mucho dinero, y yo no lo tengo. Quizá ni siquiera el dinero pueda salvarme. El infierno me espera...

—Más bien, donde abundó el pecado, sobreabundó la gracia. Ya has sufrido mucho. Pídele perdón a Dios, ahora que eres anciana. Tu remordimiento es una señal de que quieres volver a Él.

—¿Pero crees que Dios todavía me querrá? ¿Crees que querrá a una asesina como yo?

—Dios no quiere que el pecador muera, sino que se convierta y viva. Tu vida no es un error de Dios. A través del sufrimiento has podido mirar dentro de ti y descubrir que sin Dios no hay nada bueno en ti. Ve a la tumba de tu marido y de tus hijos y reza por ellos. Pídeles perdón. A través de tu arrepentimiento y contrición, Dios puede perdonarte por haber despreciado su misterioso plan de amor hacia ti, porque está escondido en medio del sinsentido, pero el mal que has hecho a tu esposo y a tus hijos debe ser perdonado por ellos. Ve a confesarte pecadora y comienza un viaje de regreso a la casa de tu Padre celestial. Después entra en la catedral y recibe la Eucaristía preparada para ti, para que encuentres la verdadera paz.

La anciana escuchó todo lo que decía Roque y, después de toser dos o tres veces, lloró un poco y luego se alejó rápidamente.

—¿Dónde vas?

—Voy a rezar ante la tumba de mi marido y de mis hijos... Voy a pedirles perdón. No creo que tenga mucho tiempo...

Roque se levantó y entró en la catedral de San Trófimo, un testigo sirio de la fe que había sido martirizado junto a San Talo. Contempló los frescos y se arrodilló, pidiendo a Dios que lo guiara en su peregrinación y concediera gracias a todos los que encontrase en su camino.

—¡Cuántas veces he escarbado bajo un sufrimiento y he encontrado un tesoro de gloria, he encontrado a Dios! —reflexionó Roque—. ¡Ay de mí si despreciara el sufrimiento!

CAPÍTULO XXI: TARASCÓN

Roque se encontraba entre otros peregrinos cuando escuchó que, en la cercana población de Tarascón, muchos morían invocando la ayuda y la misericordia de Dios, así que decidió ir allí a orar antes de continuar su camino hacia Aix-en-Provence. Una vez en la ciudad, decidiría si debía tomar el camino hacia Montgenèvre o seguir la ruta más corta a lo largo de la costa para pasar a Italia.

Llegó a Tarascón cuando todavía era de día y vio tanta miseria que quedó asombrado. Por todas partes, la muerte se cobraba víctimas como un dragón de fuerza imparable, sin respetar a nadie. Numerosos niños yacían abandonados por sus madres en las calles y una atmósfera de muerte pesaba como una piedra de molino sobre todos los habitantes. Los que aún conservaban la salud, o al menos así lo creían, huían hacia las colinas cercanas, pensando que de esa forma podrían escapar de una muerte segura. Roque iba caminando, apoyado en su bastón y mirando a su alrededor, cuando oyó una voz de mujer procedente de una casa.

—Vete, huye, no puedes quedarte aquí. ¡Márchate!

—¿Que me vaya?

—¡Sí, vete!

—Pero yo soy tu marido...

—Vete... No, te acerques más. Márchate. ¡Te he dicho que te vayas!

—Pero...

—Que te vayas. Tenemos la plaga. ¡Salva al niño!

—Voy a llamar a un médico. Tal vez...

—No. Vete y no vuelvas. Al menos salvaos vosotros. Lleva al niño al monte y no te acerques a nadie...

El hombre salió, más asustado que nunca, sujetando la mano de su hijo. Chocó con el sorprendido peregrino y huyó aterrorizado hacia las colinas. Roque, sin pensar en el peligro, empujó la puerta con la punta de su bastón y entró. En la cama yacía una mujer con marcas rojizas en el rostro, abrazando contra su pecho a un niño pequeño, de piel aceitunada como ella y con las mismas marcas en la cara. No debía de tener más que unos pocos años y permanecía inmóvil, pero aún respiraba mientras su sufriente y anhelante madre lo agarraba con fuerza. La plaga los había marcado con su sombra de muerte. Roque se acercó y contempló su dolor, preguntándose qué sentido tenía tanto sufrimiento, mientras entrecerraba los ojos y sus labios se movían levemente, dejando escuchar un ligero susurro. La mujer lo miró con ojos grandes e incrédulos.

—¿Quién eres, forastero? ¿Qué deseas? ¡Aquí no hay nada que robar! ¡Vete, tengo la peste!

La agitación y el cansancio agotaron las últimas fuerzas de la mujer, que se dejó caer, recostándose sobre la almohada húmeda de sudor mientras sostenía al niño como si tuviera que protegerlo. Sus ojos miraron fijamente al extraño hasta que reconoció la vestimenta de peregrino y se calmó. Comprendió que no tenía nada que temer, pero no entendía por qué aquel joven se expondría al riesgo de contraer la plaga acercándose a ella y a su hijo. Roque siguió en silencio, con los ojos casi cerrados y el rostro radiante.

—¿Vas en peregrinación a Roma? —preguntó la mujer.

—Sí.

—Reza por mí ante las tumbas de San Pedro y San Pablo.

—¡Lo haré!

—Pide perdón por mí al buen Dios, que pronto me acogerá junto a mi hijo. Que me perdone... que me perdone... lo que hice hace tantos años...

—No hay pecado que Dios no esté dispuesto a perdonarte, si estás verdaderamente arrepentida.

La mujer sonrió y pareció como si su cabeza reposara sobre la almohada de esa verdad, consolada por las sencillas palabras que había escuchado. Roque se acercó y trazó la señal de la cruz en su frente, repitiendo la señal en la pequeña frente del niño. Después, conmovido, salió de la casa, pidiendo a Dios que acogiera a aquellas almas que iban a presentarse ante Él. Había visto a tanta gente morir a causa de la peste que había pedido varias veces a Dios poder hacer algo, porque se sentía impotente ante la violencia de aquel mal. En la iglesia de la ciudad, en la que se guardaba la tumba de santa Marta, la posadera de Cristo peregrino, se prometió rezar junto a todo apestado que encontrara en su camino y que tuviera necesidad de ayuda y de consuelo. Esa era su meditación antes de encontrar refugio en el hospicio donde recibió un mendrugo de pan y un rincón en el suelo. Al día siguiente partió de nuevo hacia Aix-en-Provence, eligiendo finalmente la ruta de la costa que bordeaba el mar, mientras su corazón gritaba de nuevo los nombres de Jesús y María. Sintió que se renovaban sus fuerzas y su energía y agradeció a Dios el nuevo día que le había regalado.

CAPÍTULO XXII: AIX-EN-PROVENCE

El cielo estaba todavía dormido cuando el Peregrino llegó a Aix. Mientras el gris de las nubes luchaba por dar paso a la luz, una suave brisa acariciaba a Roque, acompañándolo en su camino en busca de la confirmación de su fe. Se había levantado muy temprano, porque unas cuantas horas de sueño le bastaban para recuperar fuerzas, así que ya llevaba un par de horas caminando, con el consuelo de Jesús y María en su corazón. Al llegar a las primeras casas de las afueras del pueblo, escuchó gemidos de dolor. La epidemia también se había cobrado víctimas allí y no se cansaba de atormentar los cuerpos destrozados. Entró en una zona que era como una especie de colonia de leprosos y vio muerte y sufrimiento a su alrededor. Se quedó aturdido, oró por ellos en silencio porque no se le ocurría qué más podía hacer y después continuó buscando el sentido de tanto sufrimiento.

La ciudad era rica en gloria cristiana y en ella se veneraba especialmente a Santa María Magdalena, santa de la penitencia. Justo a las puertas de la ciudad estaba la cueva donde había vivido la santa. Se dirigió hacia aquella cueva de la que había oído hablar y cuya leyenda conocía. Se sintió muy molesto por el alboroto que se ocasionó cuando la gente averiguó su nombre. Por todas partes se hablaba ya de un joven conde que había abandonado Montpellier y tomado el camino de Roma, realizando milagros asombrosos. Se decía que la peste no podía resistir a la gran fe de aquel Peregrino que había despreciado las riquezas y los honores para servir a Dios en la pobreza, siguiendo el modelo de San Francisco y las órdenes mendicantes. La credulidad popular infló y magnificó aquellas historias que cruzaron los Alpes y los Pirineos y llegaron a todas partes. Allí donde aparecía la plaga, llegaba también el nombre de Roque. Se decía que, con una sencilla oración y la señal de la cruz en la frente, el Peregrino de Montpellier podía derrotar a la plaga. En cada peregrino que iba camino de Roma creían ver a Roque y le pedían que obrara milagros. El propio Roque también había escuchado a algunas personas dirigirse a él como el santo de Montpellier y se había molestado mucho. Él no buscaba la fama, sino la paz interior. Buscaba a Dios.

Había acampado no lejos de un gran pueblo porque no había encontrado lugar en los lazaretos ni en los hospitales. Había encendido el fuego y se había acostado bajo una manta que le habían dado por compasión. Estaba acostado de lado, junto al fuego, cuando vio una figura oscura parada frente a él.

—¿Quién eres, forastero? —preguntó Roque en francés, repitiendo la pregunta en español al no obtener respuesta y, por fin, en el italiano vulgar que su madre le había enseñado, porque ya debía de haber salido de Francia.

—Soy fray Jerónimo, un peregrino en camino hacia Roma.

—¿Entonces, sois sacerdote?

—Sí, franciscano. No he encontrado dónde pasar la noche. En nombre de Dios, ¿puedo acampar aquí contigo?

—Por supuesto. Yo también soy un peregrino en camino hacia Roma.

—¿Cómo te llamas?

Roque no respondió. Tenía miedo de revelar su identidad por si acaso lo reconocían como el prodigioso peregrino de Montpellier.

—Soy un hombre necesitado de la gracia y la misericordia de Dios. Si el cielo me ayuda, llegaré a Roma y rezaré allí ante las tumbas de San Pedro y San Pablo.

Fray Jerónimo se preparó una cama cerca de la hoguera que calentaba el aire y se arropó con su hábito de peregrino. Los dos intercambiaron algunos breves comentarios sobre el viaje y luego guardaron silencio, dejando que las cigarras cantaran su canción de cuna. Pasó la noche y, con las primeras luces del alba, los dos se levantaron y partieron hacia Roma, recorriendo la costa de Liguria y pasando por Ventimiglia. Desde allí planeaban tomar el camino de los romeros.

Aquella noche en Aix-en-Provence, Roque había decidido no revelar su identidad a nadie, pero a veces se preguntaba si aquello era una cuestión de fe o solo un signo de su estúpido orgullo y su soberbia.

—Pediré consejo a fray Jerónimo —se dijo Roque—. A fin de cuentas, él también es un peregrino como yo y, además, un sacerdote. ¿Acaso no fue Dios quien lo puso en mi camino? Sí, en cuanto nos detengamos le pediré que me confiese y me dé su consejo.

Pasaron un par de horas en silencio hasta que decidieron parar a la sombra de un gran roble. Fray Jerónimo era un hombre de fe y de gran fortaleza, que transmitía una sensación de doctrina sólida y santidad de vida. Hablaba muy poco y comía aún menos. Sus ojos vivaces lo escrutaban todo en busca de lo verdadero y lo auténtico. Se podría decir que vivía la peregrinación como una liturgia solemne y única. Roque agradeció a Dios que hubiera puesto a aquel santo varón en su camino, mientras le pedía consejo y le contaba sus dudas: ¿el hecho de no revelar su identidad era una muestra de modestia o de orgullo?

Fray Jerónimo no respondió. Asintió y, como era su costumbre, comenzó a contar una historia que Roque no conocía.

CAPÍTULO XXIII: EL SECRETO DE MARINA

A principios del siglo VI, vivía en Bitinia una joven llamada Marina. Había perdido a su madre a temprana edad, pero su padre, Eugenio, un hombre de extraordinaria pureza y santidad de vida, la había rodeado de afecto. Tiempo después, sin embargo, queriendo abandonar el mundo y retirarse a un convento para llevar una vida de penitencia, confió su hija a un pariente suyo y entró en el famoso monasterio de Canobin, situado en las laderas del Monte Líbano. Eugenio era un hombre de vida santa, tanto que el abad lo amaba más que a los demás monjes. Después de algún tiempo murió el pariente a quien Eugenio había confiado su hija y Eugenio sintió que rebrotaba en su interior el amor paternal. Una gran melancolía invadió su corazón y el mismo abad lo notó. Le preguntó entonces el motivo con palabras llenas de gran afecto, y Eugenio, conmovido por el trato cortés y fraterno, se postró a los pies del superior y, con lágrimas en los ojos, dijo:"Padre, tengo en mi pueblo el único fruto de mi matrimonio y no puedo dejar de dolerme al recordarlo. Haberme alejado de ese fruto es causa de constante dolor para mí".

Así lo contó Eugenio, sin especificar que el fruto era en realidad una niña. El abad, pensando que Eugenio tenía un hijo y temiendo al mismo tiempo perder a un fraile que se había vuelto muy querido para él, le respondió: "si amas el fruto de tu matrimonio y ese pensamiento te causa ansiedad, ve a tu ciudad y tráelo aquí contigo. Aquí podrá vivir a salvo de todo peligro y estará siempre a tu lado, y yo con mucho gusto lo tendré como monje con los demás".

Eugenio estaba contento con la propuesta del abad. Aunque imaginaba los riesgos a los que estaría expuesta su hija, pensaba que Dios, que con su gracia sabía hacer fuertes a los débiles, le daría a él y a su hija la fuerza y el discernimiento necesarios para que permaneciera intachable y pura. Regresó a su ciudad, vistió a su hija con ropas de hombre y, tras cambiarle el nombre de Marina a Marino, la llevó consigo al monasterio de Canobin. Marina tenía catorce años y a todos les pareció que aquel joven monje era un verdadero ángel. Nadie se percató de su verdadera identidad y cuando inició la vida regular de monje, todos creían que era el hijo de Eugenio. En el monasterio fue educada por su padre en el estudio y en el ejercicio de las más altas virtudes, sin desdeñar severas mortificaciones para aprender a reconocer las asechanzas y trampas del enemigo. Marina fue guiada por su padre hacia la alta contemplación de la vida monástica, con tan buenos resultados que tanto el abad como los demás monjes siempre se veían edificados por la santa vida del padre y la hija. Cuando Marina tenía diecisiete años, llegó el momento en que su padre debía abandonar esta vida. Antes de cerrar los ojos a la luz de este mundo para abrirlos a la que nunca termina, Eugenio quiso hablar a su hija.

—Te recomiendo, hija mía, que guardes bien la gracia divina con que el Señor te ha enriquecido y adornado. Cuida que nadie conozca tu identidad hasta el fin de tus días, ofreciendo este secreto como secreto de intimidad entre Dios y tú. Vigila con solicitud tu conducta. Éste es el programa de vida que te dejo, el más necesario para tu salvación eterna.

Marina hizo lo que le había recomendado su padre, con la intención de llevarse el secreto a la tumba como muestra de su amor a Jesucristo. Pronto, sin embargo, el enemigo de toda santidad, molesto por su virtud, comenzó a conspirar contra ella. Los monjes del monasterio de Canobin solían turnarse para ir al mercado de la población más cercana, donde compraban los suministros necesarios para sus necesidades. A veces, a la vuelta, para no viajar de noche, se detenían en casa de un devoto posadero del convento y reanudaban el viaje a la mañana siguiente. Siempre que llegaba su turno, Marina, en compañía de otros hermanos, bajaba a la ciudad de Trípoli en Siria, despertando la admiración de todos los que lo veían con su porte serio y angelical. El posadero amigo de los frailes tenía una sola hija, que, sin que sus padres lo supieran, había mantenido una relación con un soldado y había quedado embarazada. Sus padres pronto se dieron cuenta de su estado y le preguntaron el nombre de su seductor. Para proteger a su amante, la hija mintió y dijo que había sido seducida por aquel joven monje llamado Marino, que con frecuencia se quedaba a dormir en su casa.

Ante aquella inesperada revelación, los padres de la mujer se escandalizaron y, llenos de ira, corrieron al monasterio para protestar ante el abad por el grave daño que el monje había infligido a su honor y al de su hija. El abad también se escandalizó por tan grave acusación, pero no quiso creerla, por la gran virtud que había visto siempre en Marino, al que llamó para que se defendiera de aquella infamia.

Marina, al oír de qué la acusaban, aunque habría podido defenderse fácilmente, no respondió inmediatamente, porque dentro de ella se estaba desarrollando una terrible batalla entre la carne y el espíritu. La primera se rebelaba ante el pensamiento del inminente castigo que podría caer sobre ella y trataba de convencer a Marina de que no sería tan grave desvelar su secreto, teniendo en cuenta las circunstancias. El espíritu, en cambio, la instaba vigorosamente a no olvidar aquellos preceptos paternales, tantas veces repetidos en el secreto de su celda, sobre no revelar su identidad hasta la muerte y la empujaba a soportar las penitencias que se avecinaban por amor a Jesús, que tanto había sufrido por ella. Venían a su mente la santísima Virgen en el Huerto de los Olivos, el pretorio de Pilatos, la

Vía Dolorosa y las alturas del Gólgota y contemplaba en su interior toda la tragedia de la divina Pasión. Solo necesitó unos momentos para decidir convertirse en imitadora de Santa María, que, para no contravenir la voluntad de Dios y sin que le importaran los juicios de los hombres, aunque era virgen fue, como todas las demás mujeres, a pedir la purificación en el Templo después del nacimiento de su Hijo. Marina, para no desoír el consejo de su padre de que no revelase su verdadera identidad, prefirió dar una respuesta ambigua y que la creyeran culpable.

—He pecado, padre. Ruega por mí y haré penitencia.

El abad se enojó mucho por esta respuesta porque el deshonor que el aparente pecador había traído al convento era muy grande. Marina fue vilipendiada, regañada severamente y azotada. Después la expulsaron del convento y le prohibieron vivir entre aquellos santos muros y junto a aquellos santos monjes.

Marina, siempre fiel al consejo de su padre, no reveló nunca a nadie su sexo y, viéndose privada de toda ayuda humana, fijo su mirada aún más en el cielo, encomendándose al Señor con todo el ardor de su inocente corazón. Al recordar el consuelo espiritual que había encontrado dentro de los muros de aquel santo lugar y que al pie del altar de convento había jurado fidelidad al divino Esposo, decidió no alejarse de él y se alojó en una cueva, cerca de la puerta del convento. Su lecho era la tierra desnuda, su alimento el poco pan seco que le arrojaban los monjes, sus penitencias y mortificaciones eran duras y continuas. Pasaron tres largos años llenos de amargura, dolor y lágrimas, sufriendo los insultos y burlas de todo aquel que entraba o salía del convento. El amargo cáliz que Marina estaba bebiendo por amor a Dios se llenó aún más después de esos primeros tres años. La infame hija del posadero había dado a luz un niño y, cuando empezó a tomar alimentos sólidos, se lo llevó a Marina.

—Aquí tienes, malvado monje, el fruto de tu pecado —le dijo, dando un empujón al niño—. Ya que fuiste el autor de sus días, cuídalo y ocúpate tú de alimentarlo.

Marina pensó en contradecir a aquella mujer desvergonzada, que aquella vez no quería proteger a su amante, sino solo deshacerse de su hijo. El recuerdo de su padre, sin embargo, y la determinación de soportar lo que hubiera que soportar con tal de no traicionarle prevalecieron. Acogió al niño como si fuera verdaderamente su hijo y le dedicó los cuidados más afectuosos, compartiendo con el pequeño el poco pan que recibía como limosna de los transeúntes. Pasaron dos años más, durante los cuales inició al niño en los caminos de Dios. Los monjes, que admiraban la perseverancia del supuesto hermano Marino, su extraordinaria penitencia y su virtud, comenzaron a pedir al abad que se dignase readmitirlo entre ellos. El superior se resistió, pero los monjes insistieron.

—Padre, los dolores sufridos por Marino ya son suficientes. Perdona su pecado y recíbelo nuevamente entre nosotros —le rogaron—. ¿Cómo podremos nosotros pedir a Dios perdón por nuestros pecados, si no perdonamos a nuestro hermano, que desde hace cinco años vive en la más dura penitencia, a la puerta del monasterio? Recíbele como arrepentido, porque también el Señor Jesús perdonó a los pecadores y los justificó.

—Aunque no sea digno de volver a este santo lugar —respondió el abad, abrumado por tan insistentes ruegos—, lo recibiré movido únicamente por vuestra caridad y vuestras oraciones.

Hizo llamar a Marina y se dirigió a ella con gran seriedad:

—Tu padre, Eugenio, era un hombre santo. Él te trajo, cuando aún eras un niño, a este santo monasterio. Ni él ni ningún otro han hecho nada indigno a los ojos de Dios en este lugar. Solo tú te has manchado con una gran maldad. Te recibo nuevamente entre nosotros por los ruegos de los monjes y, como tu pecado ha sido grande, te mando que realices, todos los días, los oficios más viles de la comunidad. Te ocuparás de traer agua y limpiar los desechos del convento, además de lavar los pies y los zapatos de todos los monjes.

Marina se arrojó a los pies del abad, los besó como si fueran los de Cristo y aceptó todo lo que mandaba con mansedumbre y gratitud, declarando su agradecimiento por poder servir a sus hermanos en todo. De regreso al monasterio, cumplió con escrupulosa exactitud los deberes impuestos, aunque por poco tiempo, ya que, a causa de la debilidad física provocada por las incomodidades y sufrimientos, y desgastada por la extraordinaria penitencia sufrida durante cinco años, llegó pronto al fin de sus días. Mientras tanto, permaneció en su celda todo lo que pudo, ejercitándose en fervientes y ardientes oraciones al Señor y dedicando su tiempo a actos de humildad y amor a Dios. Finalmente, el Señor vio el grado de perfección de aquella alma y la llamó a gozar de los gozos y las felicidades eternas. El abad y los monjes se extrañaron de que no hubiera acudido a rezar en el coro las oraciones comunes, por lo que algunos fueron a su celda, donde encontraron que había entregado su alma a Dios.

—¿Veis qué grande fue el pecado de Marino? —dijo a los monjes el severo abad, muy impresionado por aquella muerte inesperada— El Señor ni siquiera quiso darle tiempo para la penitencia y lo ha llamado en plena juventud. Lo enterraremos en un lugar alejado del monasterio.

Un par de monjes fueron a la celda de la Santa para lavar y arreglar su cuerpo, según la costumbre de aquellos tiempos, y se dieron cuenta de que Marino no era un hombre, como siempre habían creído, sino una mujer.

Al darse cuenta de que Marina tenía que haber sido inocente del pecado que le habían reprochado, todos lloraron. Quien más lloró fue el abad, que había sido tan severo con ella, y declaró que jamás se había visto en el mundo tanta santidad y tanta penitencia.

—Jesús, Dios mío —exclamó, postrado en tierra mientras besaba y mojaba con sus lágrimas los pies de la santa—, perdóname, porque he pecado por ignorancia al castigar a tu casta esposa. Y tú, Marina, ten piedad y perdona también mi severidad. Perdóname, te lo ruego, por tantas penalidades a las que te condené. Te imploro que no dejes que el Señor me condene por haberte maltratado así. ¡Nunca revelaste el secreto de tu vida y por eso nunca conocí tu pureza y tu inocencia!

Después de orar largamente, ordenó que el cuerpo de la santa quedase en la iglesia durante varios días, para que pudieran venerarlo los fieles, los cuales, al saber aquella noticia, acudieron de la ciudad, de los monasterios cercanos y del campo a honrarla, alabando al Señor en su santa sierva. El funeral fue una entrada triunfal al cielo. Estuvieron presentes monjes venidos de los más lejanos monasterios y, después de haber besado aquel purísimo cuerpo, lo colocaron en una insigne capilla de aquel gran monasterio.

Muchos fueron los milagros que Dios realizó para glorificar a su sierva, pero en particular obró uno con el que quiso demostrar de forma especial cuánta gracia y cuánto poder había otorgado a Marina por su vida completamente extraordinaria. La hija del posadero, la calumniadora de Marina, fue invadida por un espíritu maligno, que la atormentaba de mil maneras. Sabiendo cuán justamente había merecido aquel castigo, la mujer corrió al sepulcro de la santa, confesando en voz alta su terrible pecado e implorando, con lágrimas y oraciones, que la libraran de aquel espíritu del infierno que no le daba un momento de paz. Por las oraciones de los monjes y de todos los presentes, quienes invocaron fervientemente la protección de la santa, la infortunada mujer fue liberada del espíritu inmundo. Desde aquel día, la tumba de Marina se fue volviendo cada vez más famosa. Los devotos acudían en procesión desde las ciudades más lejanas, para implorar beneficios y todos salían consolados.

**

—¡Es una historia fascinante! Me ha dado mucho que pensar… —dijo Roque, después de escuchar el relato del fraile.

—Dios se esconde en la historia de cada persona. Depende de cada uno de nosotros descubrir esa presencia y el mensaje escrito en cada vida, porque Dios habla en la historia personal de cada día. Nada sucede por casualidad.

—Marina era la santa del silencio y su silencio no fue en vano. ¡Me ha hablado con su silencio!

—¿Qué quieres decir? —preguntó fray Jerónimo.

—Nada, nada... He encontrado la respuesta que buscaba.

Se dio la vuelta, descubrió su pecho hasta ver marca en forma de cruz que tenía desde su nacimiento y se prometió que nunca revelaría su identidad a nadie, ni aunque le costara la vida. No sabía que ese secreto le haría sufrir hasta la muerte.

El fraile y el peregrino continuaron su viaje en silencio. Aún quedaba un largo camino por recorrer.

CAPÍTULO XXIV: EN LA VÍA FRANCÍGENA

Habían pasado algunos meses desde su partida y le parecía que había nacido peregrino, como si esa hubiera sido siempre su vida. Se había quedado muy delgado, como un peregrino, pero se sentía lleno de vida y permanecía atento a cualquier indicio que pudiera darle información sobre el camino a Roma. A lo largo del camino se había encontrado con peregrinos y caminantes de todo tipo, tanto en dirección a Roma como en dirección opuesta, rumbo a Santiago de Compostela, en el norte de España. Había aprendido a observar las nubes, el viento y toda señal que pudiera revelarle el tiempo que iba a hacer, para evitar los peligros del frío o las tormentas.

Esa mañana había recorrido al menos la mitad del camino del día mientras contemplaba las alturas que tenía ante sí: el paso de la Cisa. Otros veinte kilómetros más o menos y habría llegado allí. Desde allí podría marchar con más seguridad por la antigua Vía Emilia, es decir, por el camino que ahora todos llamaban Vía Francígena o camino de Francia. Era la ruta de los peregrinos y recorría 1.600 kilómetros desde Canterbury, en Inglaterra. Primero llegaba a Dover para cruzar el Canal. Después, desde Calais, pasaba por Reims, Besançon y Lausana, hasta alcanzar los Alpes, que se cruzaban por el puerto del Gran San Bernardo. Desde el valle de

Aosta se descendía a Vercelli y Pavía y se atravesaban los Apeninos entre las provincias de Piacenza y Parma. Desde Pontremoli, la ruta continuaba hacia Lucca, Porcari, Altopascio, Ponte a Cappiano, Fucecchio, San Gimignano, Colle di Val d'Elsa, Poggibonsi, Siena y Viterbo, para finalizar en Roma. El primero en seguir ese camino había sido Sigerico, obispo de Canterbury, que había peregrinado a Roma para demostrar su lealtad al Papa y rezar ante las tumbas de San Pedro y San Pablo.

Los principales obstáculos naturales que tenían que superar los peregrinos y viajeros eran el Canal de la Mancha, los Alpes y los Apeninos, así como el río Po. Si bien para los dos primeros no había muchas alternativas, a la hora de cruzar los Apeninos existían varias posibilidades. Atravesar el río Po podía presentar problemas en caso de inundaciones, pero los puntos equipados para el cruce eran bien conocidos y siempre se mantenían activos, porque solían servir también como "puertos" para barcos que transportaban mercancías. Un ejemplo era el río Lambro, que en su desembocadura en el Po formaba un eficiente puerto. A lo largo del tramo de la Vía Francígena que iba del valle del Po a la Toscana, existían diversas variantes del recorrido que aprovechaban los distintos pasos que remontaban el valle del Trebbia y pasaban por Bobbio, o el valle del Taro u otros valles más pequeños. Desde el valle del Taro, un desvío a través de Lunigiana y Garfagnana permitía llegar directamente a Lucca, evitando el paso costero por la Vía Aurelia, una alternativa más segura en tiempos de crisis o de guerra, porque discurría por carreteras secundarias menos expuestas a peligros y estaba custodiada por una densa red de castillos y monasterios. Otra variante de los Apeninos utilizada a veces era, al menos en algunos tramos, la Vía Flaminia Menor entre Bolonia y Toscana. Más al sur, tras la muerte de San Francisco y su elevación a los altares, muchos peregrinos se desviaban de la antigua ruta para visitar Asís. Tomar ese camino permitía ahorrar tiempo porque no había riesgo de perderse y, además, hacía posible disfrutar de una mayor comodidad ya que a intervalos regulares había hospicios y hospitales con centros de acogida para los peregrinos.

Roque estaba a punto de entrar en esos caminos por los que también pasaba la fe. El paso de la Cisa, utilizado por los peregrinos que, procedentes del norte de Italia y de Alemania, recorrían la Vía Francígena para llegar a Roma, era un paso para atravesar los Apeninos situado a más de mil metros de altitud sobre el nivel del mar que separa los Apeninos ligures de los Apeninos tosco-emilianos, uniendo así el bajo valle del Taro y la Lunigiana. Dada su particular posición y el hecho de que en invierno era uno de los pocos pasos abiertos de la cordillera, históricamente fue objeto de disputas por el control de las mercancías que pasaban por él con destino al mar. La antigua Vía Emilia, construida por el censor Marco Emilio Escauro en el año 109 a.C., descendía después de pasar por Tortona hacia Vada Sabatia (la actual Vado Ligure), tras atravesar de nuevo los Apeninos ligures en el paso de Cadibona.

En la época de la peregrinación de Roque, la carretera marcaba la frontera entre los ducados de Parma y Piacenza y el gran ducado de Toscana, del mismo modo que, en la antigüedad, había delimitado la frontera entre las tierras de los lombardos y los bizantinos. Roque y su compañero de viaje, fray Jerónimo, se detuvieron en el antiguo hospicio de Santa María, construido justo antes del paso con el objetivo de proporcionar refrigerio y alojamiento a los viajeros. Allí fueron acogidos con gran cordialidad y se les dio una comida frugal y un lugar donde dormir. A su alrededor vieron miseria y gran pobreza. La salud de muchos peregrinos era más bien precaria y todo hacía creer que varios de aquellos desgraciados no verían el amanecer del nuevo día. Fray Jerónimo se sentía mal y mareado, de modo que se acostó. Todo pasaría pronto y una buena noche de sueño lo reviviría o, al menos, así lo esperaba. Roque empleó su tiempo en visitar y consolar a todos los que pudo, sin escatimar esfuerzos. Aquella noche fue para él una vigilia y la pasó rezando con aquellos desdichados. Algunos murieron en sus brazos y, con su consuelo, dieron su último suspiro aceptando la voluntad de Dios para ellos y reconciliándose consigo mismos. Roque entendió que ese era el verdadero milagro, mucho más que los milagros físicos. Al amanecer partió de nuevo. Lo hizo solo porque, para fray Jerónimo, el viaje en esta tierra había terminado allí, en el paso de la Cisa, en el hospicio de Santa María. Roque se enjugó las lágrimas, tocó la frente de su compañero y se alejó invocando en su corazón los nombres de María y de Jesús, por la Vía Francígena en dirección a Siena.

CAPÍTULO XXV: ACQUAPENDENTE

Días después, mientras recorría la Vía Cassia desde Siena hacia Roma, a unos cien kilómetros de la Ciudad Eterna, se encontró con innumerables grupos de desdichados que huían de la ciudad de Acquapendente, llamada así por una famosa y fresca cascada que, junto con otro pequeño manantial, forma el río Pallia, un afluente del Tíber. Ya llevaba un par de horas caminando cuando empezó a escuchar el alboroto que causaba una muchedumbre que iba en dirección contraria a la suya.

—¿Quiénes podrían ser todas estas personas? ¿Y por qué todo el mundo se mueve en dirección contraria a la mía?

Durante tantos meses de peregrinación, se había topado con mucha gente que se movía en grandes grupos, pero ya estaba cerca de Roma y no entendía tanto alboroto. Se acercó todo lo que pudo, por el terreno accidentado, y preguntó a algunos de ellos por qué parecían estar huyendo.

—Márchate, forastero —le dijo una mujer, mientras abrazaba a su hijo contra su pecho—. Grandes males y epidemias se están cobrando víctimas por todas partes. Ciudades enteras se han convertido en cementerios al aire libre y se respira el hedor de la tumba. Acquapendente está a punto de ser sepultada por la muerte y ya no hay vida en la ciudad. Allí perdí a mi marido y a mis dos hijos. Dios me guarde al menos a este, el más pequeño. Si quieres vivir, ¡huye!

—La peste... —se dijo Roque para sus adentros—,siempre en mi camino...

Se acordó de aquel primer milagro de Montpellier, de aquel muchacho del que todos decían que había sido curado por su intercesión, pero también de todas las otras veces que alguien había creído ver una intervención milagrosa en su camino. Aquella invocación que había hecho a Dios cuando era niño para que le diera poder sobre aquella plaga resonó fuerte en su corazón. Dios era el autor de los milagros y hasta la peste tenía que someterse a Él.

Se dirigió hacia Acquapendente con dificultad porque la multitud de gente que salía de la ciudad le bloqueaba el paso. No consiguió llegar hasta el día siguiente. En el interior de la población, la antigua Vía Francígena seguía un recorrido urbano que originalmente partía de la puerta de la ciudad en dirección a Siena, pasando por la plaza de la Comunità y desembocando en la puerta del camino que iba hacia Roma. A lo largo de este recorrido tanto los franciscanos como los agustinos habían construido sus conventos, que ahora eran utilizados como hospicios. Justo a la entrada del pueblo vio uno de aquellos hospicios, repleto de enfermos de peste. Entró y quedó estupefacto por el sufrimiento tan abrumador, mientras la muerte hambrienta masticaba y devoraba vidas humanas.

Roque permaneció en silencio en medio de aquel gran misterio de la majestad silenciosa y elocuente de la muerte. Poco a poco, le pareció vislumbrar algo sobre aquel gran misterio: Cristo había dado su vida por todos aquellos hombres y por razones misteriosas permitía lo que parecía una atrocidad. Los caminos de Dios tenían una lógica mucho más alta que los humanos, porque Dios es Padre y sabe que la vida eterna va mucho más allá que la mera vida terrena.

—La Iglesia sirve para que los hombres puedan conocer a Dios y amarlo ahora y siempre. Es la casa acogedora de los pobres, donde se refugian cuando el tiempo los ha desgastado y los ha marcado con el escándalo del sufrimiento, el escándalo de la cruz de Cristo. En ella se les enseña el tesoro del sufrimiento y el Cristo vivo se amasa junto con ellos, creando un pegamento entre esta vida y el futuro. En la Iglesia renacen sus esperanzas, a menudo ocultas bajo montañas de indiferencia y, a veces, de desprecio iconoclasta. Cristo vive de nuevo en ellos. Mientras el mundo los margina, ellos se preparan para el gran encuentro con el Absoluto, aprendiendo la paciencia que conduce a la fe adulta y madura, la cual lleva a la presencia de Aquel que se entregó en un anhelo de Amor que no sabe más que darse, porque no puede hacer otra cosa.

El padre prior del hospicio, fray Vicente, vio a Roque y se acercó a él, asombrado porque un joven tan lleno de energía arriesgara su propia vida al entrar allí donde la muerte estaba recogiendo sus frutos.

—¿Quién eres, forastero? ¿Qué estás haciendo aquí? Si quieres vivir, ¡márchate!

—¿Marcharme? ¿Por qué? Mi vida pertenece a Dios y Él puede tomarla cuando quiera.

Fray Vicente estaba sorprendido y no alcanzaba a decidir si estaba ante un hombre de fe o ante un inconsciente.

—Muchacho, aquí solo te espera una muerte despiadada. Eres tan joven... ¡Sigue tu camino y que Dios te bendiga!

—No, voy a Roma para hacer profesión de fe ante las tumbas de San Pedro y San Pablo, pero aquí, en la persona de esta pobre gente, está Cristo. ¿Cómo podría irme?

—No tientes a Dios quedándote aquí, obligándolo a realizar el milagro de no dejar que mueras. ¿Crees que eres invulnerable?

—No, ya sé que no soy invulnerable, pero también sé que mi vida le pertenece a Él y por eso no puedo irme. Debo quedarme aquí para servirle en esta pobre gente. Si muero aquí significa que Dios me ha preparado para esto y no debo huir de Él.

—Pero... ¿entiendes que arriesgas tu vida por personas que ya están marcadas por una muerte segura?

—¿Y vos, entonces? ¿No estáis arriesgando vuestra vida?

—Pero yo soy un fraile, un sacerdote, ¿entiendes?

—¿Desde cuándo solo los sacerdotes están llamados a amar a Dios con todo el corazón, con toda la mente y con todas las fuerzas, como si los simples bautizados estuvieran llamados a una santidad distinta de esta?

—No quise decir eso. Quería decir que mi vida está consagrada al servicio de los demás y si muero por esta misión... bien por mí.

—En cambio, ¿para mí sería algo malo?

Fray Vicente lo miró a los ojos, admirando aquellas pocas palabras, que revelaban algo sólido.

—Tienes razón, muchacho. La santidad solo es una, aunque en la Iglesia cada uno tenga una tarea diferente.

—¡Permitidme que me quede aquí, junto a estos enfermos! Si me negáis el permiso obedeceré vuestra autoridad, pero me iré a otro hospicio a servir a Cristo en los pobres apestados...

Ante tal determinación, Fray Vicente se dio por vencido y accedió a la petición de Roque. El peregrino estaba contento y consideró como una gran gracia aquel permiso. Se acercó a una niña que yacía en una miserable cama, tomó su mano derecha y la apretó suavemente entre las palmas de sus manos, cerró los ojos y oró a Dios en su corazón en nombre de aquella desafortunada chiquilla. Al hacerlo, sintió un impulso casi de ira contrala epidemia y rezó para que Dios acabara con aquella enfermedad:

—Que Dios te destruya de raíz, te extirpe, te aleje de las casas que has invadido y te borre de la faz de la tierra de los vivos, en el nombre del Padre y del Hijo y del Espíritu Santo. Amén.

Así continuó durante toda la noche, corriendo junto al lecho de cualquiera que necesitara su ayuda hasta el amanecer.

Poco a poco, los enfermos fueron cayendo en un sueño profundo y no se volvió a oír ninguna queja durante toda la noche y gran parte del día siguiente. Fray Vicente quedó asombrado porque aquel muchacho era diferente de las otras personas que ayudaban, sobre todo por su gran familiaridad con Dios. Desde que había llegado, se notaba en el aire un insólito aire de victoria. Algo había sucedido, extraño y maravilloso al mismo tiempo. Los primeros moribundos se levantaron de la cama y pidieron comida, restablecidos. Era increíble. Fray Vicente y los demás monjes cayeron de rodillas porque sus ojos habían visto el poder de Dios prevalecer sobre la plaga. Todos exclamaban que era un milagro, pero Roque se alejó para regresar a la vida escondida que tanto deseaba. Fue pasando por cada hospicio, por cada hospital y por cada casa donde había enfermos y, a su paso, la peste era expulsada, porque donde llega Cristo la muerte ya no tiene cabida.

CAPÍTULO XXVI: EN LA ROMAÑA

Roque tuvo que admitir en su interior, una vez más, que Dios quería obrar milagros a través de él y que los estaba haciendo de una manera que también le asombraba a él. Después de los acontecimientos de Acquapendente, decidió seguir a la peste. Dondequiera que apareciese aquella plaga, él acudiría y, si Dios así lo quería, obraría sus milagros. Por lo tanto, en lugar de dirigirse hacia Roma, marchó en dirección opuesta, aunque con solo cinco o seis días de caminata habría podido llegar a la Ciudad Eterna. Había escuchado decir al padre Vicente y a sus frailes que grandes oleadas de la epidemia estaban azotando la Umbría y la Romaña y el corazón le impulsó a viajar en esa dirección.

Cruzó los Apeninos del centro de Italia para correr hacia donde la enfermedad hacía estragos, ansioso de llevar amor, alivio, oración y milagros a aquellas tierras. Pasaron varias semanas antes de que llegara a Cesena y Rímini. Tomó la Vía Emilia, que las autoridades habían intentado bloquear en un vano intento de detener la propagación de la terrible enfermedad y a lo largo de la cual se produjeron numerosos milagros de victoria sobre aquella terrible enfermedad. Despreocupado de sí mismo, rechazando cualquier hospitalidad y comodidad, se apresuró hacia Cesena, atravesando las multitudes aterrorizadas y conmocionadas que, como torrentes impetuosos, huían del contagio de la ciudad desolada.

Una vez que la ciudad fue liberada de la peste, Roque permaneció allí dos meses, rezando en las iglesias que se habían hecho famosas un siglo antes por los milagros de San Antonio. En aquellos dos meses entre Cesena y Rímini, el Peregrino llevó su valor y su consuelo por todas partes, mostrando con su vida una visión de aquella vida celestial cuyo perfume se podía percibir. De toda la Romaña se elevó un fuerte suspiro de acción de gracias como incienso que subía al cielo en señal de agradecimiento por aquella gran victoria sobre la muerte, ahuyentada por la fe viva que había ocasionado aquellos milagros extraordinarios.

Una fresca mañana, el Peregrino sintió una fuerte necesidad de orar, lo que le resultaba difícil por toda la gente que acudía a pedirle consejos y milagros para algún familiar. Abandonó su refugio improvisado en el hospicio al amanecer y se dirigió a la catedral cercana. A aquella hora no había nadie allí y todo en aquel ambiente parecía hablarle de Dios. Se postró profundamente ante el altar mayor y permaneció allí largo rato, con la frente en el suelo, para agradecerle a Dios que lo hubiera llamado a ser instrumento de su Amor. Dios lo había sacado de sus seguridades, sus proyectos, sus riquezas, sus afectos y la ciudad que tanto amaba, para que se pusiera en camino. A pesar de las penalidades, ayunos, fatigas y peligros, el resultado había sido que era sencillamente feliz porque, mientras se entregaba a los demás, recibía él mismo el don divino de la caridad, su fe recibía un alimento continuo y su corazón se dilataba en la medida de la esperanza.

Había pasado un largo tiempo arrodillado con la frente apoyada en el suelo cuando se dio cuenta de que había alguien más allí. El sonido de pasos distrajo sus pensamientos, miró a su alrededor y vio una figura que por un instante le pareció enorme. Era el cardenal Ángel de Grimoard, hermano del papa Urbano V, un personaje poderoso, pero al mismo tiempo frágil por su mala salud. El cardenal llevaba en la ciudad aproximadamente un mes cuando, de camino a Roma, había tenido que suspender su viaje por la ola de peste que se cobraba víctimas a un ritmo imparable. Había escapado de la peste, o eso creía, permaneciendo aislado durante todo ese mes allí, en la residencia del obispo, con muy poco contacto con el mundo exterior. La plaga, sin embargo, ya llevaba algún tiempo dentro de él y estaba esperando el momento adecuado para devorarlo por completo. Le habían contado las prodigiosas intervenciones de un joven extranjero y se había aventurado a salir del apartamento que el obispo había dejado a su disposición después de su muerte. Roque lo miró sorprendido mientras el cardenal se acercaba al altar con actitud digna y serena, se arrodillaba y aguardaba, como esperando una respuesta. El tiempo iba transcurriendo en elocuente silencio, mientras una atmósfera de gran serenidad parecía querer cantar a todo pulmón la nueva alegría que sentía la ciudad. Finalmente, los dos se sentaron e intercambiaron miradas curiosas.

—¿Quién eres, forastero?

—Soy un peregrino romero que ha sentido la llamada de Dios y ha recibido sus bendiciones. Solo deseo profesar mi fe ante las tumbas de San Pedro y San Pablo en Roma.

—Eres francés como yo, ¿verdad? Por tu acento diría que vienes del sur de Francia, del Languedoc...

—Sí, mi señor. ¿Y vos sois...?.

—Soy el siervo de Dios, cardenal Ángel de Grimoard, y también yo me dirijo a Roma. Si mi salud lo permite, debería estar allí en octubre, cuando el Papa regrese de Aviñón.

—¿Grimoard? Conocí en Montpellier a un Grimoard, un hombre santo. Fue profesor mío en la universidad.

—Es mi hermano y también es el Papa.

—¿El Papa?

—Sí, el Papa Urbano V.

—¿Desde cuándo es Papa?

—Fue elegido hace poco y el primer acto de su pontificado será el retorno de la sede papal a Roma[14]. A fin de cuentas, Roma es Roma y Roma es el Papa.

Roque se sintió feliz al escuchar aquella noticia. Durante varios meses no se había molestado en intentar enterarse de las noticias, porque estaba muy ocupado y las noticias tampoco viajaban rápidamente. En verdad, al principio de su peregrinación, cuando todavía estaba entre Arlés y Tarascón, se había preguntado si no sería buena idea pasar por Aviñón, pero finalmente había desistido porque no tenía clara la situación de la sede papal. Ahora estaba muy feliz de saber que su buen profesor había sido elegido por Dios para un servicio tan importante: ser el Vicario de Cristo en la tierra.

Mientras hablaba, el cardenal tosió y su rostro se oscureció ligeramente, como si algo lo amenazara. Roque se dio cuenta que no se trataba de una tos cualquiera y, notando que el cardenal estaba a punto de desmayarse, pronunció aquella increpación contra la peste que le había permitido ser espectador de los milagros que Dios estaba obrando en gran abundancia.

—Que Dios te destruya de raíz, te extirpe, te aleje de las casas que has invadido y te borre de la faz de la tierra de los vivos, en el nombre del Padre y del Hijo y del Espíritu Santo. Amén.

Entre ambos nació rápidamente un entendimiento. El cardenal comprendió quién era aquel muchacho, pero tuvo cuidado de no decírselo a Roque. Ángel de Grimoard era un hombre de unos cincuenta años, de rasgos nobles, voz profunda y una sólida doctrina que cautivó al Peregrino. Una vez que la enfermedad quedó derro-

---

14 Durante casi setenta años del siglo XIV, los papas permanecieron en Aviñón, una ciudad francesa que pertenecía a los Estados Pontificios. Esta situación sometió a los pontífices a una excesiva influencia del rey de Francia. Urbano V regresó a Roma por un tiempo, pero después, atemorizado por el clima de disturbios y guerras, regresó a Aviñón. La vuelta definitiva a la Ciudad Eterna se produciría con su sucesor, Gregorio XI.

tada y una nueva primavera parecía besar la tierra de la Romaña, los dos se encontraban a menudo para hablar de cuestiones espirituales. Pasaron algunas semanas y el cardenal partió en su carruaje con la parte de su séquito que había escapado a la muerte. Roque continuó a pie, según su propósito inicial, reanudando su peregrinación hacia Roma.

CAPÍTULO XXVII: POR LA VÍA FLAMINIA

Desde la Romaña, Roque se dirigió hacia Roma a través de la Vía Flaminia, atravesando las Marcas y la Umbría, regiones de encantadora belleza y ciudades famosas y ricas en historia y fe. Una vez llegado a Perusa, no pudo seguir adelante sin visitar Asís y la tumba de San Francisco, a cuyos hijos espirituales había conocido en su tierra natal.

Las campanas sonaban a fiesta. Era domingo y el aire estaba tan limpio que casi parecía que se podía tocar lo que, en realidad, estaba a varios kilómetros de distancia. A lo lejos vio el campanario de la basílica de Santa María de los Ángeles y se llenó de alegría. Un par de horas de caminata y habría llegado allí. La zona era conocida con el nombre de Cerrillode la Porciúncula, debido a la presencia de una gran zona boscosa. Se conmovió al saber que la capilla había sido restaurada en el siglo XII por San Francisco, que había muerto allí en 1226. Posteriormente, a la pequeña iglesia se añadieron un convento y algunos pequeños oratorios. Allí mismo, en 1216, San Francisco había recibido una visión en la que Jesús le había comunicado que quien visitara la iglesia, se confesara debidamente y comulgara, recibiría el perdón de la pena debida por sus pecados. Honorio III aprobó esta indulgencia y estableció la fiesta del Perdón el 1 y 2 de agosto de cada año.

Al llegar se dio cuenta que muchos de los frailes se encontraban gravemente enfermos. Por todas partes, las quejas y el dolor eran los principales protagonistas. Miró a dos frailes sentados al borde del camino, frente a la iglesia, y creyó ver los rasgos de Cristo en sus manos y pies sangrantes. Se inclinó hacia el más cercano, tomó su mano derecha entre las suyas y cerró los ojos como si escuchara una voz que le hablaba desde un mundo lejano. Después hizo la señal de la Cruz en la frente del fraile con su pulgar derecho y, una vez más, increpó a la peste.

—Que Dios te destruya de raíz, te extirpe, te aleje de las casas que has invadido y te borre de la faz de la tierra de los vivos, en el nombre del Padre y del Hijo y del Espíritu Santo. Amén.

El fraile se levantó, mirando con incredulidad sus manos y axilas, que habían quedado libres de los bubones de la plaga. ¡Había sanado instantáneamente!

—¿Cómo has hecho eso?

—No lo sé. Lo único que hago es rezar y, después, es Dios quien hace milagros... cuando quiere hacerlos.

—Tienes que enseñar a todos a hacer lo que has hecho conmigo —insistió el fraile—. ¿Entiendes que así podríamos salvar al pueblo de la plaga? ¿Lo entiendes?

Antes de que Roque pudiera responder, el fraile se arrodilló, reconociendo que era un pecador y no merecía la gracia que había recibido. Luego fue a donde estaban sus hermanos para contarles el maravilloso milagro que se había producido.

Por su parte, Roque se dirigió hacia la pequeña iglesia de la Porciúncula, donde San Francisco solía reunirse con sus primeros compañeros. Miró aquel humilde umbral y leyó las palabras grabadas allí: *hic locus sanctus est*, este lugar es sagrado.

—Sí, este lugar es verdaderamente sagrado porque Dios lo eligió para encontrarse con Francisco y ayudará a todo aquel que entre aquí con fe —se dijo Roque.

La iglesita manifestaba toda la frescura de la austeridad francis-cana. Las piedras descuadradas recordaban la mano inexperta del joven restaurador, Francisco, pero aquellas mismas piedras hicieron que Roque escuchara el eco de la oración incesante que se elevaba hacia el cielo. Sentía como si siempre hubiera conocido aquel lugar y estaba feliz por ello. Se postró en el frío suelo y dio gracias a Dios que lo había acompañado hasta ese momento, preservándolo de los peligros para hacerle testigo de sus intervenciones divinas.

—¿Quién soy yo para merecer todas estas gracias? Escucharte y ver tus obras, Señor, es ya entrar en la vida que no se acaba. He dejado posesiones y seguridades, arriesgándome, pero ha valido la pena porque te he encontrado y nunca me ha faltado nada. Tú mismo te has convertido en mi tesoro incorruptible.

La gratitud hacia Dios llenó su joven corazón y, durante todo el día estuvo haciendo la señal de la cruz en la frente de aquellos desafortunados, ordenando a la plaga que se fuera, y hubo muchas curaciones milagrosas.

Allí descansaron su cuerpo y su espíritu, antes de reanudar su camino con los nombres de Jesús y María en el corazón y en los labios, como si el viaje comenzara en aquel momento.

CAPÍTULO XXVIII: ROMA

Habían pasado algunos meses desde su salida de Asís y el Peregrino tenía los pies hinchados, hasta el punto de que casi había perdido el sentido del tacto en las extremidades inferiores. Había tanta gente a su alrededor que se sentía incómodo, porque albergaba en su interior una fuerte necesidad de soledad y de esconderse.

Secándose el sudor de la frente, observó a la gente que iba en la misma dirección que él. Grandes masas de personas recorrían el Camino de Santiago y se desplazaban en caravanas. Algunos eran peregrinos por devoción, buscando una relación íntima con el santo. La devoción también se manifestaba a veces enviando peregrinos por poderes: a veces los ricos rogaban a sus familiares que emprendieran una peregrinación después de su muerte, en un último intento por implorar ayuda en la hora de su último viaje. Otros creyentes se hacían peregrinos porque en un naufragio, una enfermedad o una situación de peligro habían pedido ayuda a su santo protector y, una vez fuera de peligro, se lo agradecían con el sacrificio del viaje y el testimonio personal de la gracia recibida. La peste también había llevado a muchos a emprender la peregrinación.

Un grupo bastante numeroso era el de los que se convertían en peregrinos queriendo purgar algún pecado. El sistema penitencial de los primeros siglos era muy riguroso porque los pecados se confesaban en privado al obispo y luego seguía un juicio público en el que el pecador entraba en el *ordo poenitentium*[15], mientras la comunidad lloraba y oraba por sus penitentes. En toda su vida, el pecador solo podía beneficiarse de esta penitencia una vez, porque, incluso después de reconciliarse, aceptaba una especie de muerte civil y social y la ruptura de la comunidad conyugal con la prohibición de vivir una vida matrimonial social o volverse a casar. Además, el penitente no podía acceder a los cargos públicos ni a los más altos cargos eclesiásticos. Poco a poco, sin embargo, la mayoría de los pecadores fueron huyendo de esta severísima penitencia y optaron por la reconciliación *in extremis,* es decir, en el momento de la muerte. Como había visto en Perusa, otros hacían penitencia públicamente, flagelándose para manifestar su rechazo a una ligada a los placeres del mundo.

El viaje era una experiencia llena de peligros y esa situación común eliminaba las diferencias sociales entre los peregrinos, que, temiendo los peligros de caminar solos en zonas desconocidas e infestadas de bandidos, se movían en grandes caravanas colectivas formadas en los santuarios, al inicio de las rutas principales. A lo largo del camino se encontraban prioratos, hospicios, capillas y posadas donde poder refrescarse y recuperar fuerzas y, en terreno llano, la marcha continuaba durante un máximo de treinta kilómetros por día. Nuestro Peregrino caminaba lentamente de parroquia en parroquia, de hospicio en hospicio, temiendo los largos y solitarios tramos, pero no se unía a las caravanas, porque en ellas no podía viajar de incógnito, sin revelar su identidad, como había prometido a Dios.

Cuando llegó a Roma, su primer pensamiento fue visitar los santuarios más famosos de la historia y la piedad cristiana: San Pedro, San Pablo, San Juan de Letrán, Santa María la Mayor y las cata-

---

15 Es decir, el orden de los penitentes.

cumbas de San Calixto, San Sebastián y Santa Inés. La visita a las cuatro basílicas formaba parte del llamado "recorrido de las siete iglesias" que tradicionalmente los peregrinos que llegaban a Roma debían realizar a pie y en un solo día. Roque, con una bendición en los labios, realizó este acto de acción de gracias a Dios que lo había preservado de los peligros, protegiéndolo en mil situaciones. Las otras tres iglesias incluidas en este itinerario eran: la Basílica de San Lorenzo Extramuros, la Basílica de la Santa Cruz en Jerusalén y la Basílica de San Sebastián Extramuros.

La presencia de Roque en la ciudad suscitaba admiración por donde iba, especialmente en el Hospital del Espíritu Santo, donde brindaba asistencia y consuelo a los apestados y a los demás enfermos. El número de curaciones realizadas fue muy grande. Allí donde había un enfermo, Roque llegaba sin escatimar esfuerzos a pesar de su juventud. Durante todo el tiempo que vivió en Roma llevó ánimo y fe a todos los ambientes de sufrimiento, liberando la ciudad del contagio y dando ejemplo de modestia, caridad y piedad. Meditó largamente, en la arena del Coliseo y en el Circo Máximo, sobre el ejemplo de los mártires. Su corazón palpitaba al pensar en dar la vida por Cristo y renovó varias veces su proclamación del Credo ante las tumbas de San Pedro y San Pablo con gran ardor.

Todos estos hechos y milagros le trajeron gran fama en los ambientes donde había enfermos, es decir, prácticamente en todas partes. El eco de aquellos milagros llegó a oídos de Urbano V, pero, sobre todo, a los del cardenal Ángel de Grimoard, hermano del Pontífice. El Papa había estado protegido de la peste durante mucho tiempo porque había permanecido encerrado en su palacio durante largos meses, sin contacto con el mundo exterior, y esto había impedido que los piojos de las ratas se extendieran por el palacio papal. Llegó un momento, sin embargo, en que el deseo del Papa de recibir noticias del mundo exterior y de escapar de lo que se había convertido para él en una prisión hizo que el Pontífice se viera expuesto a la epidemia. Los mejores médicos no sabían bien qué le sucedía al Papa. ¿Era realmente la peste? Así lo parecía.

—¿Quién es ese joven del que habla toda Roma? —preguntó Urbano V.

—Santidad, parece que es un joven francés. Se dice que obra milagros destruyendo la plaga con la fuerza de la fe que lo sostiene.

—Tenemos necesidad, una gran necesidad, de hombres de fe. Mucha gente ha sufrido tanto en todos los rincones de Europa y necesitan... necesitamos esperanza. Debemos salir de los escombros y la destrucción... necesitamos ver el amanecer de un nuevo día después de los males de la plaga.

—Creo que sé quién es este joven —dijo el hermano del Papa—. Si es quien creo que es, lo conocí en la Romaña. Es un joven peregrino que llegó a Roma desde Montpellier.

—Ah, Montpellier. Enseñé en esa universidad. Recuerdo a mis alumnos y su devoción a nuestra Señora de las Mesas. Qué joven era yo entonces...

El cardenal Ángel de Grimoard no se atrevió a distraer a su hermano de sus recuerdos. En realidad, el Papa no era muy mayor, pero había sufrido muchísimo por el destino de la Iglesia y los años transcurridos en Aviñón habían sido una gran carga para él, aunque entonces solo era cardenal. El regreso de la sede apostólica a Roma le había ocasionado también muchas otras preocupaciones. El episcopado francés, que era muy poderoso, presionaba para que regresara a Aviñón, pero Urbano siempre guardaba la unidad de la Iglesia muy dentro de su corazón.

—¿De verdad este muchacho ha hecho tanto bien?

—Sí, Santidad.

—Que lo busquen y lo traigan aquí. Me gustaría conocerlo.

—Así se hará, Santidad.

El cardenal de Grimoard salió y dio las instrucciones oportunas al jefe de la guardia papal.

Poco después, la guardia suiza encontró a Roque. No era difícil localizar a alguien que estaba siempre junto a los que sufrían.

—¿Quién sois vos? —le preguntó el guardia al mando de la patrulla.

—Solo soy un hombre que quiere ayudar a otros hombres.

—Os he preguntado vuestro nombre. ¡Responded! —gritó el guardia.

—Mi nombre no importa. Lo he olvidado.

—¿Sois de Francia? ¿De Montpellier? ¿Sois vos quien cura a los apestados, quien…?

—Solo Dios puede curar a los enfermos.

—¿Os estáis burlando de mí? ¿No querréis decirme que sois Dios?

En aquel lazareto se escuchó una risa nerviosa que alivió la tensión y al mismo tiempo reveló la aprensión por el destino de Roque. ¿Venían los guardias papales a arrestar e interrogar a su benefactor? Los guardias suizos no eran bien vistos porque disfrutaban de privilegios de los que carecía el pueblo llano y los pobres parecían destinados a sucumbir a las enfermedades mucho más frecuentemente que los guardias.

—¡Debéis venir con nosotros, señor! —insistió el guardia.

—¿Por qué? ¿Qué ha hecho de malo? —gritó el prior del lazareto—. Se ha limitado a ayudar a estas personas desafortunadas y muchos de ellos se han curado. Se han curado, ¿entendéis? Se han recuperado de la peste. Y aun así queréis llevároslo...

—¡Dejadlo en paz! —amenazó un hombretón, apoyado por otros tres o cuatro hombres que, de repente, saltaron de la cama buscando pelea, como si hubieran recuperado mágicamente sus fuerzas.

El jefe de la guardia hizo ademán de sacar su espada, pero en cuanto tocó la empuñadura se dio cuenta de que sus dos hombres y él estaban rodeados por toda aquella gente, como en una trampa.

—Calma, calma... —terció el Peregrino—. Dime, ¿qué quieres de mí? ¿Por qué debería ir con vosotros?

—El cardenal Ángel de Grimoard desea veros. Quizás el Papa quiera veros también.

—¿El Papa quiere verme? No puedo creerlo. ¿Qué puede querer de mí el Vicario de Cristo en la tierra? Solo soy un pobre hombre.

—No vayas con ellos. Es una treta para arrestarte —le dijo el hombretón—. Conozco las cárceles papales. Me arrestaron injustamente sin haber hecho nada malo y solo después de tres años de penurias y abusos reconocieron de mi inocencia. Allí enfermé y tú me curaste. No te dejes engañar. ¡No te vayas con ellos!

—Os doy mi palabra de honor, señor —insistió el guardia—: el cardenal Ángel de Grimoard desea veros. ¡Tenéis que venir!

—Cállate o tú y tus dos amigos tampoco os iréis —maldijo el hombretón—. Es mejor que te largues mientras puedas. Si no lo haces.. Quizá la peste... Sí, la peste podría acabar contigo…

Un gran silencio se convirtió en el verdadero protagonista de ese momento. Todas aquellas personas estaban decididas a defender a quien les había curado, aunque para ello tuvieran que desafiar a los guardias. Estos últimos, con el rostro tenso y las manos en las empuñaduras de sus espadas, cada vez se sentían más impacientes y asustados ante aquella situación llena de incertidumbre.

—Tranquilos, tranquilos... —volvió a apaciguarles Roque—. Parece que aquí todos estáis curados. Ya no hay enfermos. Quizás el Papa esté enfermo y, si un enfermo me llama, si el Papa me llama, ¿quién soy yo para negarme?

—¿Es que no lo entiendes? —replicó el hombre corpulento—. Aunque fuera cierto que el cardenal o el Papa te llaman, en realidad los guardias quieren llevarte con ellos para que solo sus familiares y amigos puedan sanar. Quieren que solo sanen los ricos. No les importan los pobres. ¿Acaso los pobres no tienen el mismo derecho a sanar que los ricos y los nobles?

Roque lo miró con esa luz interior que lo guiaba y con ojos que emanaban infinitud. Eso bastó, porque de su misma frente parecía brotar luz, manifestando que la vida eterna habitaba dentro de él y su mente estaba concentrada por completo en Dios.

—¡Vamos! —dijo, volviéndose hacia el jefe de los guardias y siguiéndolos mientras se envolvía en su capa.

CAPÍTULO XXIX: ANTE EL PAPA

La conversación con el cardenal Ángel de Grimoard fue muy cordial. Roque quiso confesarse y recibir la sagrada Eucaristía. El cardenal quedó tan impresionado por la luz que irradiaba la frente de nuestro Peregrino, que le pidió que liberara la ciudad de la peste. Roque le recordó que no podía hacer otra cosa que poner todo en manos de Dios y, ante su insistencia, aceptó elevar al cielo sus súplicas por la salvación de Roma, añadiendo la petición de preservar al cardenal del contagio en el futuro. Con el pulgar de la mano derecha trazó la señal de la cruz en la frente del cardenal, que quedó allí impresa, y se produjo una curación repentina y misteriosa, que hizo que se sintiera mejor de inmediato.

Aquella señal de la cruz quedó desde entonces marcada indeleblemente en la frente del cardenal. Otros prelados le aconsejaron que borrase de algún modo la extraña marca, pero no lo consiguió por mucho que lo intentó, de modo que pidió a Roque que le ayudase.

—Desde que me marcaste para ahuyentar la peste, no me ha sido posible borrar esta señal de la cruz... Mis compañeros cardenales lo comentan entre ellos y dicen que me desfigura el rostro.

—¿Decís que la cruz desfigura vuestro rostro? ¡Dios sabe lo que hace, Eminencia! Yo no sé cómo es que la peste desaparece simplemente marcando la frente de los apestados. Solo le ruego a Dios

171

con fe, ordenando a la plaga que se vaya, y Dios la fuerza a desaparecer. No soy más que un instrumento que Dios usa y os aseguro que no sé cómo borrar esa señal de la cruz. De todas formas, Eminencia, ¿por qué queréis borrarla? Pedro, Andrés, Pablo, Francisco de Asís y sobre todo el propio Jesús nunca dudaron en glorificar la cruz, sin preocuparse de la aparente ignominia que supone para los hombres....

Mientras hablaba con el cardenal, a Roque le vino a la mente que a él le había sido dada una cruz en el pecho, trazada allí indeleblemente por el Espíritu de Dios. Se sentía mucho más indigno que el cardenal y, sin embargo, Dios le había dibujado su cruz en su corazón.

—Si Dios quiere, la hará desaparecer, de lo contrario la llevaréis durante el resto de vuestra vida —siguió diciéndole al cardenal—. Es el signo de la victoria sobre la muerte, pero también la marca de santidad con la que Dios marca a los que le pertenecen. Tenéis suerte que Dios piense tanto en vos, Eminencia.

El cardenal se sintió alentado y pensó que, en el fondo, era una ayuda que Dios le daba para luchar contra su pereza de anunciar el Amor divino a todos los hombres. ¿Cómo no iba a hablar de Dios y de haber sido elegido por Él a cualquiera que lo mirara a la cara? Después de todo, ¿no era él un hombre consagrado a Dios? ¿Qué daño le podía hacer el hecho de llevar aquella señal de la cruz en la frente? Simplemente tenía que aceptarlo como una bendición y así lo hizo.

El Papa estaba solo en su gran despacho del Vaticano y reflexionaba sobre los acontecimientos de los tiempos recientes, en particular sobre todas las muertes que estaba produciendo aquella terrible enfermedad, que segaba víctimas como ninguna otra, como si sus grandes fauces estuvieran condenadas a tener cada vez más hambre de vidas, un hambre insaciable. Sentado, el Pontífice leía y meditaba acerca del sentido de su propia vida leyendo los clásicos que le apasionaban desde joven, cuando se preparaba para las artes oratorias emulando a los grandes predicadores de la época.

"Vives como si fueras a vivir eternamente, nunca piensas en tu fragilidad, no quieres considerar cuánto tiempo ya ha pasado. Desperdicias el tiempo como si lo sacaras de una fuente inagotable, mientras que quizás ese día que le dedicas a una persona o a un negocio sea el último para ti. Le tienes miedo a todo porque sabes que eres mortal, pero lo deseas todo, como si fueras inmortal", había escrito Séneca[16].El Papa admiraba su obra y reflexionaba sobre ella. Ahora que el tiempo que le quedaba de vida le parecía muy corto, entre tos y tos meditaba precisamente sobre esa formidable criatura que era el tiempo. ¡Qué grande y noble debió de ser el alma de Séneca a pesar de que no había conocido a Cristo! En cada corazón hay una chispa de luz infinita que trasciende el tiempo y nos permite vislumbrar a Quién siempre fue y siempre será, antes del tiempo, en el tiempo y más allá del tiempo.

A pesar de estar absorto en sus pensamientos, sintió que su fiel secretario venía hacia él.

—Santidad, dijo el secretario—, ha llegado ese joven francés a quien queríais ver.

El secretario se había acercado al Papa sin miedo al contagio, porque también él tenía una hinchazón en la ingle y respiraba con dificultad. Presentía que el joven milagroso podía curar no solo al Papa sino asimismo a él y estaba deseando conocerlo.

—Ah —respondió el Pontífice como despertando de su mundo de ideas y pensamientos—. Hazlo pasar a la sala de recepciones.

El fiel secretario cerró los ojos, exhaló un profundo suspiro y salió mientras el Papa lo observaba alejarse. El Pontífice también se levantó y se preparó para el encuentro dando gracias al Señor.

16   Séneca Lucio Anneo, *De Brevitate Vitae*, cap. I, párrafos 3 y 4.

Cuando entró en la sala de recepción, Roque ya llevaba algún tiempo postrado con la frente pegada al suelo, al igual que las rodillas y codos, mientras sus palmas, bien abiertas, apuntaban hacia el cielo como si esperaran recibir de él algún regalo. El Peregrino escuchó los pasos del Papa, seguidos por un insistente silencio cuando el Vicario de Cristo se sentó. Nadie podía levantarse del suelo a menos que el Papa lo invitara a hacerlo y Roque lo sabía, así que permaneció allí, postrado, como si el tiempo se hubiera detenido y todo, cada preocupación y cada latido, estuviera en suspenso, como si la eternidad se encontrara a un paso de distancia. Junto al Peregrino, arrodillado como él, estaba el hermano del Papa, el cardenal Ángel de Grimoard, muy orgulloso de haber organizado el encuentro. Después de unos interminables minutos, el Papa se levantó y se dirigió hacia el Peregrino, le tocó las manos y le ayudó a levantarse.

—Levántate, por favor, levántate —dijo y, mientras hablaba, notó que la frente de Roque resplandecía con un claro rayo de luz, de serenidad y de paz interior— Oh, parece que vengas del mismo cielo...

La conversación que siguió fue cordial y duró mucho tiempo. El Papa quiso que le hablara de todos aquellos que había conocido en Montpellier durante los años en que había sido profesor allí y prometió rezar por ellos todos los días, especialmente por aquellos que habían pasado al Padre celestial. El Peregrino, por su parte, quiso confesarse con el Papa, aunque en realidad la confesión los consoló a los dos, que se contaron mutuamente los dones celestiales que habían recibido, dando gloria a Dios.

Cuando Roque salió, acompañado por el cardenal, aquella luz inusual permaneció en la sala de recepción mientras el secretario del Papa, sintiéndose lleno de energía, gritaba con alegría por la sorprendente curación que podía ver en su propio cuerpo. El Papa, al oír aquellas exclamaciones de alegría que llegaban a todos los rincones del palacio, sintió también que cada uno de sus huesos se fortalecía, sus músculos volvían a tonificarse y su espalda se enderezaba.

Levantó los ojos al cielo como si viera, por primera vez, más allá de aquel tejado grisáceo y comprendiera lo que no solo la fe, sino también la razón, le decían.

—Cuando pienso que el tiempo que me ha sido asignado está a punto de expirar —se dijo, reanudando su meditación sobre el tiempo—, afloran los recuerdos y descubro que a veces he desperdiciado mis días. Cuando, en cambio, pienso en lo que me espera más allá de esta vida, me doy cuenta de que Tú, Señor, no has desperdiciado el tiempo, sino que lo has santificado. Pienso en lo grande que será la alegría de poder verte por fin y de poder ser uno contigo, porque tu misericordia va más allá de todo lo que puedo imaginar.

Urbano V siguió contemplando aquellas cuestiones y recibió fuerzas de lo alto para continuar desempeñando su ministerio hasta que Dios decidiese que había llegado su hora.

CAPÍTULO XXX: EN SARMATO

Después del tercer año de su estancia en la Ciudad Eterna, Roque decidió que había llegado el momento de regresar. Para entonces la ola de peste había sido derrotada y ya no había ninguna razón para permanecer en Roma, especialmente porque había oído que otros brotes de la enfermedad se estaban extendiendo en diversos lugares del norte de Italia. El santo cardenal de Grimoard, con su santidad, le había mostrado el camino de la virtud, que él había atesorado, interiorizando la riqueza de fe que había visto en él.

Tomó de nuevo la Vía Flaminia, la más llana y transitada, con el paso lento pero constante del peregrino apoyado en su bastón. Sin ser reconocido, volvió a visitar las ciudades que había liberado del contagio, entre ellas Rímini, Cesena y Forlì, regocijándose enormemente al ver que renacía la vida. Pasó luego por Bolonia, donde honró a Santo Domingo, que también era venerado en Montpellier, y llegó a Parma, donde escuchó la triste noticia de que la peste estaba en Piacenza. Aceleró el paso y llegó a la ciudad, que se encontraba en cuarentena por la terrible enfermedad. Aquella misma tarde, mientras ayudaba a un niño en un hospicio en las afueras de la ciudad, sintió un extraño mareo. El cansancio parecía querer jugarle malas pasadas. Se acostó en un rincón y, temblando, se durmió como para huir de aquel dolor. Con los ojos de un sueño, vio una gran luz blanca que todo lo cubría mientras nuevas oleadas de colores muy intensos se sucedían para anunciar a una figura regia e imponente, vestida también de blanco.

—Roque, por mi amor has sufrido ya tantas penalidades... Ahora tendrás que sufrir también los tormentos y las angustias de tu cuerpo. Así, asemejándote a Cristo, te asociarás a sus dolores y a su muerte.

Se despertó consumido por la fiebre y apestado. Terribles escalofríos de frío y sudor le hacían sentirse ajeno a sí mismo, como si aquel cuerpo fuera su enemigo y estuviera esperando la muerte. Los mismos enfermos curados por el santo Peregrino ya no podían soportar su presencia y, aunque se tambaleaba, tuvo que abandonar el hospital.

Agotado y moribundo por los nauseabundos tumores del bubón de la peste que aparecían en su cuerpo, se retiró a una cabaña hecha con piedras y troncos cubiertos de paja y arbustos, a pocos kilómetros de Piacenza, en la llanura de Sarmato. Se acostó dentro de la cabaña y cerró los ojos cuando la oscuridad del anochecer comenzó a caer sobre la tierra. Solo pasaron unas horas y aquel ángel caído que lo había seguido, aunque obligado a permanecer en silencio, desde el inicio de su viaje apareció de nuevo en sus pensamientos. Una gran bola de fuego se arremolinaba en el oscuro horizonte de la mente mientras tomaba forma humana con un rostro angelical y una voz persuasiva.

—Has renunciado a toda seguridad, a toda comodidad y a toda gloria. Te entregaste a todos, curaste a los apestados y ahora eres tú el que sufre la peste —le dijo burlonamente a Roque—. ¡Qué destino tan irónico te está reservado! Se te ha dado el poder de curar a otros... ¡También tendrá que haber alguien asignado para curarte a ti! ¿No sería eso lo correcto? Después de todo el bien que has hecho, ¿por qué tienes que morir aquí, solo como un perro, en tierra extranjera y sin ningún consuelo?

La figura angelical irradiaba una luz profunda y citaba las Escrituras para apoyar sus argumentos, mientras invitaba al Peregrino a sacar conclusiones, haciéndolas parecer obvias.

—Morirás aquí, solo, y quién sabe cuándo encontrarán tu cuerpo —siguió—. El hedor canceroso mantendrá alejados incluso a los buitres y tu cuerpo ni siquiera recibirá sepultura. ¿Te parece justo? ¿Por qué no le pides a Dios que te sane? ¿Cómo puede negarte su gracia después de lo que has hecho por Él? ¿Acaso no te encuentras en esta situación por haber obedecido a su llamada? ¿No fue Él quien dijo "pedid y se os dará"? ¡Vamos, pídele un milagro!

Roque ni siquiera tenía fuerzas para mover los labios y respiraba con dificultad. Entre el sueño y la plena consciencia, con el rostro cubierto de incontables gotas de sudor, respondía con el poder del pensamiento a quien también escuchaba su pensamiento e intentaba hacer que cayera en la tentación.

—Todo hombre quiere construir una torre, su propia Babel, pero esta está destinada a caer, porque la salud, el poder y el éxito nos son concedidos por un tiempo y se deterioran rápidamente —le dijo Roque al ángel caído—. Mi cuerpo me ayuda precisamente cuando estoy enfermo y mi salud es precaria porque entonces la torre se derrumba. A través del sufrimiento también participo del sufrimiento de Cristo. Es un honor para mí sufrir con Él como lo fue sufrir por Él. Dios no me ha engañado. Nunca me prometió que si lo seguía no moriría aquí, en esta cabaña. Nunca me prometió que moriría de viejo y no de peste.

—¡Pero todo el mundo se reirá de ti! Dirán que eras un impostor, que te hiciste pasar por hombre de Dios para usurpar su gloria y que por eso Dios te castigó a ti. ¿Te parece justo?

—¡No puedo entenderlo todo! ¡Solo Dios lo entiende todo porque Él es Dios y yo no soy Dios! Cuando yo no puedo entender, Dios entiende y eso me basta. ¡Cuando yo no puedo entender, mi Padre celestial sí puede! Si hace las cosas de una manera y no de otra, las hace porque es lo mejor para mí. ¡Igual que he vivido para Él, estoy dispuesto a morir por Él!

Aquel ángel caído, viéndolo débil y a la vez testarudo, lo atormentó de todas las maneras posibles, sometiéndole a la prueba con todo tipo de argumentos hasta que pasó, al menos por aquel día, el tiempo de la tentación.

Al día siguiente se sentía muy débil, pero al amanecer se arrastró hasta la orilla del río donde tomó un poco de agua con la concha que llevaba consigo y enjuagó las hinchazones de su ingle. Luego miró al cielo y le pareció que podía vislumbrar la patria a la que pronto llegaría. Pasó todo el día ejercitándose en la oración mientras veía mil rostros sucederse uno tras otro en su mente, como si estuvieran presentes frente a él. ¡Cuántas personas buenas había encontrado en su camino y cuántas gracias había recibido, cuánto consuelo había hallado en cada una de las personas con las que había hablado!

—Por su gracia realizamos obras celestiales, pero Dios, en su infinita bondad, no nos deja verlas —se dijo—. De lo contrario, nos volveríamos orgullosos e insoportables para todos. Para realizar obras celestiales y llegar a amar incluso a nuestros enemigos, debemos dejar que Dios entre en nuestras vidas, permitiéndole derribar las torres de nuestro orgullo. ¡He tenido la fortuna de conocer a tanta gente así!

Nuestro Peregrino se consoló de esta manera durante todo el día, hasta que, al caer la tarde, los dolores del hambre comenzaron a hacerse amenazantes. Siguió una nueva noche de tentaciones, de incitaciones a que se quejara a Dios y le pidiera milagros, a que le pidiera que cambiara su miserable historia.

—¡Dios es mi Padre y no me abandonará!

—Nadie duda que Dios es tu Padre, pero ¡mal padre debe de ser si te deja morir de peste y de hambre!

—¡Eso dices tú! ¡Detrás de este sufrimiento está mi salvación!

—¿Y para esa salvación Dios tiene que dejarte morir?

—Aunque muera, ¡hay una vida más allá de la muerte mucho más grande y más sublime que esta!

—Lo sé, lo sé bien...

—Si lo sabes, ¿por qué me invitas a dudar? ¿Por qué me incitas a pensar que Dios no me ama?

—Te equivocas, yo sé que Dios te ama y que te ama mucho, pero, en este momento en concreto... En fin, quizá te ame más tarde, cuando estés muerto, en la otra vida, pero mientras tanto sigues sufriendo.

—Sufrir por Él es algo precioso. ¡Si Él sufrió, yo también puedo sufrir, apoyándome en Él! ¡Así es como Él venció a la muerte! Dime ¿quién eres tú? ¿De qué lado estás? ¿No tendrás envidia de Dios?

En cuanto formuló esa pregunta, nuestro Peregrino vio una mano enorme y poderosa que arrojaba lejos aquella imagen angelical de luz que lo tentaba, relegándola más allá de su visión. En efecto, la fe da una sonora bofetada a quien no puede soportarla.

CAPÍTULO XXXI: EL PERRO

La fortaleza de Sarmato fue uno de los puestos avanzados más importantes de la Piacenza güelfa[17] en la defensa del valle de Tidone contra las incursiones enemigas, incluidas las lanzadas por Pavía, ciudad tradicionalmente gibelina[18]. Allí, en Sarmato, se había construido un castillo, ocupado por los Pallastrelli. Se trataba de un conjunto fortificado, limitado por el perímetro cuadrangular de las murallas y rodeado por un foso, con una imponente entrada en el lado sur, formada por un revellín almenado cuya puerta estaba dotada de puente levadizo y dobles troneras laterales, que permitían la defensa con fuego raso. Había otras dos entradas fortificadas en los lados este y oeste. Al norte se elevaba el castillo propiamente dicho, con una torre angular orientada hacia el noroeste y la alta torre del homenaje en el centro, dispuesta en torno a un patio cerrado.

La noche estaba ya bien avanzada cuando un perro blanco se acercó a nuestro Peregrino, que estaba de pie con la cara vuelta hacia el cielo, esperando su hora. Era un estupendo perro de caza y parecía

17 Los güelfos eran los partidarios del Papa en las luchas políticas de la península italiana.
18 Los gibelinos eran partidarios del Emperador contra el Papa y, por lo tanto, enemigos de los güelfos.

orgulloso de estar allí. Olfateó al Peregrino para consolarlo y se alejó rápidamente como si obedeciera una orden superior. Desde aquel momento y cada día, el perro robaba un trozo de pan y queso de la mesa de su rico amo para llevárselo al Peregrino, que así conseguía saciar su hambre. El dueño del perro era el noble Gotardo Pallastrelli, un hombre fuerte y seguro de sí mismo, poco aficionado a las cosas espirituales. Al notar que el perro llevaba unos días robando pan y comida de su mesa, reprendió repetidamente a los sirvientes, porque creía que no estaban alimentando bien a su amado perro. Le explicaron el extraño proceder del animal y, al no comprender la causa de aquel ir y venir, Gotardo decidió seguirlo. Se dio cuenta entonces de que el perro llevaba comida a una cabaña de troncos donde alguien parecía estar viviendo y se dirigió a ella.

—¡No os acerquéis más, señor!¡Por favor no os acerquéis más! —gritó Roque.

—¿Quién eres?

—No os acerquéis más, por favor. ¡Vuestra vida depende de ello! Manteneos alejado y evitad el contagio. ¡Tengo la peste!

Ante tal insistencia, Gotardo se volvió hacia el castillo, pero después, arrepintiéndose, regresó a la cabaña.

—¿Quién eres? —preguntó de nuevo el noble.

—¡Solo un apestado!

—¿De dónde eres?

—¡Marchaos o la plaga os matará!

—La peste quizá ya esté en mí. Mi perro, el que te trajo la comida, podría haberla traído al castillo.

—¡Marchaos! ¿Por qué queréis morir?

—Soy Gotardo Pallastrelli, señor de estas tierras... Eres un peregrino, ¿no?

—Sí, estuve en Roma para rezar ante las tumbas de San Pedro y San Pablo.

—Les debo mucho a los peregrinos... Oí hablar de alguien que fue desde el sur de Francia a Roma, haciendo milagros y curando enfermos por todas partes. Curó a muchos de una muerte segura por la peste. ¿Le conoces?

—Un poco. Hay una parte de su espíritu dentro de cada uno de nosotros. Solo hace falta despertarlo.

—A mí también me gustaría hacerme peregrino, pero no tengo valor. Hace años que vivo una vida disoluta... Sin embargo, me gustaría convertirme en peregrino.

—¿De verdad?

—¡Sí! ¡Quiero seguir tu camino y tener una fe como la tuya!

—¿Por qué? ¿Por lujuria espiritual? Los ricos creen que tienen derecho disfrutar siempre y no quieren luchar contra las tentaciones...

—Desde hace tiempo, el Misterio llama con insistencia a mi puerta, trayendo consigo el sufrimiento —le explicó Gotardo, con toda franqueza—. Juntos me hicieron frente, sacudiéndome para que me liberara de esos adornos de desfile con que me habían vestido y me quedara desnudo. No me mostraron ningún respeto, así que traté de liberarme de esa misteriosa molestia que me causaba la punta de flecha que se estaba clavando en lo más profundo de mi corazón. Después intenté acallar el sufrimiento para que, al menos, fuera silencioso y me diera un respiro. El misterioso hecho que no aceptaba parecía hinchar mi cabeza hasta aplastar ese pequeño cerebro que quería defenderse como si, de los dos, uno fuera a sucumbir sin resistencia. El sufrimiento me invitó a abandonar a Dios, el misterio me invitó a negarlo. Sin embargo, una voz interior en medio de los escombros me gritó que siguiera a Dios de todos modos. Y yo le seguí. Descubrí que Dios todo lo transforma en bien, incluso lo absurdo, lo que todavía hoy me traspasa el costado. Cuanto más entra el misterio dentro de mí, más siento a Dios penetrando mis heridas internas, surcando mi mente y sanándome. Le seguiré, con tu ayuda. Le seguiré con una flecha en mi costado. Esa misma flecha me muestra que no me estoy siguiendo a mí mismo, porque solo me seguiría a mí mismo después de quitar esa flecha de mi costado. Él, en cambio, me llama a seguirlo, aferrándome a esa flecha...

—La vida del peregrino no es fácil porque se recorre un camino de penurias y privaciones, sin ninguna seguridad y quizás se encuentre la muerte en el camino... —respondió Roque, sorprendido por las palabras del noble—. Se necesita mucha humildad y no sé si realmente queréis convertiros en peregrino.

Gotardo, sin embargo, manteniendo la distancia, no dejó de insistir e insistir.

—Está bien —cedió por fin Roque—. Si realmente queréis haceros peregrino, recorriendo el camino de la humildad y de la mansedumbre, deberéis dejar vuestra voluntad, vuestra imagen ante los hombres. Solo así podréis asumir la voluntad y la imagen de Cristo.

—¿Qué tengo que hacer? ¿Vender mis bienes y darlos a los pobres? ¡Lo haré!

—¡No! Primero quiero poner a prueba vuestras intenciones de convertiros en un auténtico cristiano adulto. Dejaréis vuestra ropa de noble, os pondréis un sayal y solo tendréis un bastón por compañero. Iréis a pedir limosna y daréis el dinero a los pobres sin quedaros con nada. Mendigaréis en Piacenza, en vuestra ciudad, donde todos os conocían como un juerguista disoluto. Así, con vuestra vergüenza, expiaréis aquello de lo que decís que os avergonzáis: lo que ha sido vuestra vida hasta ahora.

Gotardo permaneció perplejo durante mucho tiempo, pero finalmente aceptó someterse a aquella humillación. En Piacenza fue reconocido y despreciado por algunos de los que habían sido sus amigos más queridos y que ahora encontraba aburridos y áridos. Su antiguo mejor amigo se burló de él y lo trató muy mal porque nadie podía aceptar que un noble se pusiera a mendigar. Verse maltratado de aquella manera le permitió hacer examen de conciencia y cambiar su vida radicalmente. Regresó al bosque, aturdido y profundamente herido, y le contó todo a nuestro Peregrino, a quien había tomado como maestro.

—¡Perdonadles! ¡Perdonad a vuestro amigo y a toda la ciudad de Piacenza! Ese es el camino cristiano —le respondió Roque—.

Ahora que siento que he recuperado algunas fuerzas, iré yo mismo a Piacenza para ayudar a los moribundos y a los apestados.

Mientras hablaba, el Peregrino pensaba en su corazón que, si Dios quisiera, podría curar a muchos enfermos de peste.

CAPÍTULO XXXII: EN PIACENZA

Piacenza era ya una bella ciudad en la margen derecha del río Po, en la encrucijada de las vías de comunicación que atravesaban la llanura suroccidental del valle.

La fundación del primer núcleo urbano se remonta al año 218 antes de Cristo, cuando seis mil romanos crearon la colonia de Placentia, dejando señales claramente visibles en el trazado de la ciudad, como lo revela la planta cuadrada sobre una cuadrícula de calles ortogonales. En la Edad Media Piacenza sufrió no poca devastación. La ciudad cayó bajo el dominio de los bárbaros y se vio afectada por la guerra entre los invasores godos y las tropas romanas del imperio de Oriente. Tras las dominaciones ostrogodas y bizantinas, la comunidad tomó nuevas fuerzas con su papel de capital de un ducado lombardo, pero la verdadera recuperación coincidió con el predominio de los francos, a partir del siglo IX. Precisamente por su ubicación a lo largo del trazado de la Vía Francígena, Piacenza conoció un renacimiento demográfico, civil y económico, en el que influyó su posición estratégica entre las grandes rutas que descendían de los Alpes, alimentando el fuerte tránsito de comerciantes y peregrinos. En la época de las restricciones feudales y del poder de los condes-obispos, junto a la nobleza de sangre, surgió una clase emprendedora de comerciantes y artesanos. Hacia finales del año 1000 se produjo un renacimiento de los sentimientos favorables al papado y no fue casual que Urbano II anunciase en Piacenza su intención de convocar la primera cruzada para la liberación de Tierra Santa. La ciudad se convirtió en municipio libre en 1126, uniéndose a la Liga Lombarda contra el emperador Barbarroja. En los siglos XII y XIII se intensificó la actividad comercial y la producción de tejidos, mientras que la agricultura y la economía en general prosperaron gracias a la gran feria que se celebraba allí. Fue entonces cuando la ciudad se enriqueció con iglesias y monasterios, a menudo unidos a albergues para pobres y enfermos.

En tiempos de Roque, Piacenza estaba profundamente herida y atormentada por aquella terrible plaga hasta el punto de que los dos emblemas de la ciudad, la catedral y el palacio gótico, se habían llenado de cadáveres y pobres desgraciados moribundos. Era aún muy temprano cuando Roque entró en la iglesia de Santa Ana de las Siervas de María, donde se arrodilló y pidió la gracia de dominar la enfermedad también en Piacenza para mayor gloria de Dios.

—Roque, siervo de Dios, ¡tu oración será escuchada! —le dijo nuestra Señora en su corazón.

Valientemente, aunque todavía tambaleándose por la debilidad, nuestro Peregrino realizó maravillosos milagros a lo largo de todo aquel día. Oró sin cesar desde el amanecer hasta el anochecer, trazando la señal de la cruz en la frente de todo aquel que se le acercaba y ordenando a la plaga que saliera de aquellas criaturas de Dios. Y Dios obró a manos llenas aquellos milagros que solo Él sabe y puede hacer.

Gotardo siguió a Roque, atónito y maravillado. Sus ojos contemplaban aquellas sanaciones excepcionales y no se cansaban de contemplarlas porque sentía que el cielo se había abierto dejando una grieta para él, por la que, ahora, se proponía entrar para cambiar verdaderamente su vida. Ni siquiera Roque, sin embargo, pudo hacer nada por aquel amigo de Gotardo que se había burlado de él cuando mendigaba, porque la enfermedad que había caído sobre él era un castigo divino.

Al caer la tarde, Roque emprendió el regreso a Sarmato, seguido por mucha gente impresionada por los milagros que estaba realizando. Nadie sabía el nombre de aquel prodigioso Peregrino ni se atrevía a preguntárselo; bastaba con que realizara aquellos milagros excepcionales, que eran más fuertes que la peste. Para él, sin embargo, toda aquella a gente que lo seguía y toda aquella notoriedad eran una molestia. Aunque nadie conocía su identidad, su presencia lo incomodaba porque lo distraía de su intimidad con Dios.

—¡Marchaos, volved a vuestras casas! Estáis curados. ¿No os basta con eso? ¡Marchaos!

Finalmente, a su lado quedó solo Gotardo, en quien se apoyaba por el cansancio y el dolor que aún no le habían abandonado por completo. Estaban en el espeso bosque cuando oyeron una voz del cielo.

—Roque, has sufrido mucho y has conservado la fe. Dios te concede la sanación. Sanarás y volverás a hacer el bien porque Dios tiene sus ojos puestos en ti.

Al oírlo, Gotardo se asombró, abriendo mucho los ojos y comprendiendo quién era aquel peregrino

—Eres Roque, Roque de Montpellier, a quien Dios eligió para obrar tantos milagros. Por eso me ardía el corazón al escucharte. ¡Es una gran gracia para mí conocer a un hombre de Dios!

Roque le hizo prometer que no revelaría su secreto y los dos permanecieron juntos varios días más durante los cuales Roque le explicó los principios fundamentales de la doctrina cristiana. Después se separaron, ya que Roque comprendió que había llegado el momento de reanudar su viaje porque la gente había descubierto dónde estaba su cabaña y los curiosos lo miraban como a un fenómeno, quitándole toda posibilidad de intimidad en la oración. Así pues, tomó de nuevo su alforja y su inseparable bastón para emprender el camino hacia su patria terrena. Salió de la cabaña al amanecer, miró el poco cielo que alcanzaba a ver entre las ramas de aquellos altos robles y llenó sus pulmones de oxígeno. Su misión allí había terminado. Alrededor de la cabaña había varios animales, como si estuvieran allí para pedir clemencia ya que ellos también tenían la peste o, mejor dicho, la fiebre aftosa que a menudo les atacaba en aquella época. Roque los bendijo y los sanó instantáneamente porque la santidad no tiene límites.

Gotardo era un hombre de letras y, mientras lo veía alejarse, se prometió a sí mismo que nunca abandonaría la fe que le había anunciado aquel Peregrino. Al día siguiente comenzó a escribir, en latín, una vida del Santo, las *Acta Breviora Sancti Rochi*[19].En los días posteriores, mucha gente acudió a la cabaña a buscar al Peregrino y, al no encontrarlo, pidieron a Gotardo que creara algo que conmemorase el paso de tan ilustre hombre por sus vidas. Así fue cómo la piedad popular encargó un cuadro con el rostro del santo, en el que también trabajó Gotardo. La pintura fue colocada en el interior de la iglesia de Santa Ana de las Siervas de María como recuerdo para las edades futuras de aquel memorable día en el que la peste fue erradicada mediante milagros más fuertes que la devastación. El que fue el primer discípulo de nuestro santo lloró ese día, pero eran lágrimas de alegría, lágrimas de quien sabía que un día se volverían a encontrar en Cristo, gozando de una vida sin dolor y sin término.

---

19 El documento más antiguo que narra la vida del santo. Aunque no se conoce con total certeza el autor, he preferido seguir la hipótesis tradicional, según la cual el autor sería Gotardo Pallastrelli, primer discípulo del santo.

CAPÍTULO XXXIII: AVIÑÓN Y LA PROVENZA

Hacia el mes de octubre, nuestro Peregrino retomó su camino con el corazón lleno de alegría por haber presenciado tantos milagros. Los nombres de Jesús y María, pronunciados al ritmo de los latidos de su corazón, restauraban sus fuerzas y así, paso a paso y animado por un vigor renovado, sentía que el buen Dios viajaba con él. A menudo lo acompañaban en el camino peregrinos que iban a Santiago de Compostela y se sentía feliz. Voghera, Angera, Novara y muchos otros lugares fueron etapas de un camino ennoblecido por la santidad de Dios mismo.

A finales de aquel año, el cardenal Ángel de Grimoard, que había permanecido en Italia como legado del Papa para Lombardía, fue llamado a Aviñón por Gregorio XI, el sucesor del Papa Urbano V. Roque se encontró con él y le acompañó por el camino. Los dos pudieron contarse muchos milagros y aquellos meses pasaron velozmente.

—Eminencia, decidme, ¿por qué creéis que Dios ha permitido que la peste azote toda Europa? Dios, que es tan bueno, permite algo tan terrible como la peste... ¿Por qué?

—El misterio siempre supera nuestra limitada mente, pero creo que el hecho de que Dios permita la plaga es un gran tema para meditar. Tal vez sea porque el hombre de nuestro tiempo ha dejado de mirar hacia el cielo y necesita algo fuerte, incluso trágico, para replantearse lo que es su vida. La peste nos hace comprender que nuestras certezas son vanas. De la muerte, que es el destino común de todos los hombres, no pueden librarnos ni nuestra riqueza, ni nuestro prestigio, ni nuestro poder, ni nuestros intentos de aparentar. ¡Todo es vanidad! ¡Son falsas seguridades!

—El hombre debe volver a Dios porque Dios es lo que verdaderamente necesita. Tenéis toda la razón, Eminencia —replicó Roque—. ¡La impotencia humana ante la muerte se convierte en fuente de diálogo con Dios! La muerte es poderosa, pero Cristo la ha vencido y está vivo a la diestra del Padre, en la gloria.

—Como confesor, he encontrado mucho sufrimiento en multitud de rostros, pero, junto a la angustia más oscura, he podido ver también una gran fe y una gran hambre de Dios —siguió el cardenal—. Cuando uno está en el fondo del pozo es cuando descubre que necesita ayuda. Europa ha vivido tiempos terribles porque la peste ha barrido las certezas humanas en las que se apoyaba el hombre de nuestro tiempo, purificando la mente y el corazón de todos los que aún estamos vivos. Tenemos la tarea de preparar un futuro mejor, más al servicio del hombre, con más atención a las cosas eternas.

—Será hermoso abrazar nuevamente a todos nuestros seres queridos en el Cielo —dijo Roque, pensando en sus padres y en sus maestros.

El cardenal también pensó en sus seres queridos y permaneció pensativo y en silencio durante un rato.

—Sí, será muy hermoso... —dijo por fin, asintiendo.

Mientras tanto, el carruaje que los transportaba avanzaba a paso ligero por aquel camino pedregoso que, por momentos, los hacía sobresaltar, devolviéndolos a la realidad. El comandante de la escolta ordenó hacer un alto y se detuvieron durante un par de horas para reanudar su viaje con nuevas fuerzas.

Los días pasaban mientras se sucedían aquellos maravillosos paisajes en los que el azul del cielo se mezclaba con los colores del mar, a su izquierda, y con el azul de las montañas, a su derecha. Roque miraba desde el carruaje, veía la maravilla que era la creación y, en su corazón, alababa a Dios, que había hecho el mundo de una manera tan magnífica y armoniosa. Sentía que su corazón y su mente estaban en plena armonía con toda la creación, pero en ocasiones le venían a la mente las preguntas sobre su futuro con las que alguien le tentaba.

—¿Qué harás cuando llegues a Montpellier? ¿Cómo vivirás? No te queda nada propio porque lo que tenías se lo diste a los pobres ¿no es así?

—¡Déjame en paz! ¡Dios es mi Padre y me ayudará!

—Sí, sí, claro… Seguro que te ayudará…

—Dios nunca me ha hecho ningún mal.

—Ya… ¿Quizá porque necesitaba que salvaras a toda esa gente?

—Soy yo quien necesita a Dios. ¡Y a la Iglesia!

—¿De verdad? ¿Y para qué necesitas a Dios y a la Iglesia? ¿Por qué tienes que depender de ellos?

—¡Para defenderme de ti!

—¿Defenderte de mí? Pero si lo único que hago es preocuparme por ti...

—Ahórrate la molestia de preocuparte, como dices, por mí. Cristo se preocupó por mí en la cruz, dando su vida por mí, ¡venciendo a la muerte!

No escuchó ninguna respuesta porque nadie podía rebatirle mientras su corazón volvía a mecerse al son de los dulces nombres de Jesús y María, así que los pensamientos que querían perturbarle desaparecieron.

La caravana, con todo su séquito, bordeó el mar por aquella maravillosa costa que parecía una alfombra de lirios con miles de pequeñas manchas amarillas y púrpuras, hasta llegar a Aviñón. Allí nuestro santo Peregrino pudo encontrarse con el Papa Gregorio XI y visitar la ciudad, agradeciendo a Dios que le hubiera permitido regresar a Provenza. Montpellier ya solo estaba a unos kilómetros de distancia.

CAPÍTULO XXXIV: MONTPELLIER

Al cabo de un par de días, se puso en camino nuevamente y llegó a su ciudad a pie. Se detuvo en el mismo puente en el que se había detenido ocho años antes, al partir como peregrino, y miró hacia Montpellier. Se conmovió y sus ojos se humedecieron. Había pasado por tantos peligros, tantos sufrimientos, tantos caminos, pero ya estaba de vuelta. Se acercó a la orilla del arroyo, sacó un poco de agua y la saboreó como si fuera un manjar. Se acostó en el suelo, en aquella tierra fresca y húmeda, y, sintiéndose hecho de tierra y de alegría, dormitó como si estuviera en los brazos de su madre.

Lo primero que le vino a la mente después fue que debía ir a nuestra Señora de las Mesas para agradecer a Santa María su ayuda e intercesión durante aquella difícil y peligrosa peregrinación. Entró en la iglesia y besó el suelo, para luego acomodarse en un rincón mientras sus oraciones por todas las personas que Dios, de alguna manera, había vinculado a su destino se entrelazaban con el cansancio de aquellos miembros probados y con el sueño, hasta hacerse una sola cosa. Era ya de noche cerrada cuando sintió la mano áspera de un soldado que le golpeaba el brazo izquierdo.

—¿Quién eres? ¿Qué haces aquí? ¡Dinos quién eres!

Se sorprendió porque le estaban hablando en español, que no era su lengua materna. Aquellos soldados hablaban en español, a pesar de que estaba en Montpellier. ¿Cómo era posible?

Respondió, también en español, que era un siervo de Jesucristo y un pobre peregrino. Sin embargo, cuando le preguntaron por su nombre, permaneció en silencio a causa del voto que había hecho, ese pacto secreto con Dios según el cual no revelaría su identidad a nadie. Se había preguntado varias veces durante el viaje si podía considerarse absuelto de su voto de no revelar su identidad ahora que la peregrinación había terminado, pero había decidido llevarse el secreto a la tumba. Después de todo, la peregrinación en esta tierra no había terminado, sino que continuaría mientras tuviese aliento.

La ciudad de Montpellier se encontraba en crisis porque el año anterior había sido cedida por el rey Carlos de Francia al rey Carlos de Navarra. El pueblo, sin embargo, no había aceptado ese cambio de soberanía porque se sentía francés, aunque se sentía traicionado por quienes habían vendido la ciudad. Hubo una gran resistencia contra los navarros y mucha gente intentó expulsarlos para hacer de Montpellier una república. El tío de Roque, Víctor de la Cruz, se adaptó al cambio de señor y fue confirmado por los navarros en el cargo de gobernador. Muchos de los conspiradores se disfrazaban de peregrinos para poder conspirar libremente y Roque, que no sabía nada de todo esto, fue confundido con uno de ellos.

—¡Es un espía! —gritó uno de los soldados.

—¡No, no soy un espía!

—Entonces, ¿quién eres?

Roque no contesto.

—¡Eres un espía! Incluso tienes acento francés. Está claro que no eres uno de nosotros. Ahora somos nosotros quienes mandamos aquí en Montpellier y vosotros, los franceses, debéis entenderlo de una vez.

El Peregrino no respondió y el jefe del grupo ordenó la detención del desconocido que no había querido declarar su identidad.

—Ven con nosotros. ¡Si no nos quieres decir quién eres, se lo dirás al gobernador!

Cuatro manos poderosas le agarraron y le ataron las muñecas a la espalda, como se ata a un cordero para el sacrificio, en silencio ante los esquiladores.

El gobernador, es decir, su tío Víctor, no le reconoció. Apenas guardaba ya alguna semejanza con aquel noble y delicado joven que, ocho años antes, había partido hacia la Ciudad Eterna. El Peregrino tenía la piel áspera de quien había estado sometido a la intemperie y a mil peligros, y los harapos que vestía tampoco revelaban la nobleza de su linaje. Era un hombre muy diferente del que había abandonado Montpellier.

—¿Quién eres? —preguntó el gobernador.

—Ya se lo he dicho a los soldados: soy un siervo de Jesucristo y un pobre peregrino.

—¿Cómo te llamas?

Se hizo el silencio mientras el gobernador se movía pesadamente por la habitación, mirando al Peregrino de arriba abajo.

—¡Debes de ser amigo de esos dos que arrestamos la semana pasada! —continuó—.¡Murieron al cabo de poco tiempo! Puedes salvarte si hablas, si dices quién eres...

El gobernador no imaginaba lo ciertas que eran sus palabras. Una sola palabra de Roque le habría salvado, no solo por su origen noble, sino especialmente porque todos habían escuchado los milagros que hacía y estaban orgullosos de él. Roque, sin embargo, no quería desviarse de su comportamiento humilde y prefería ser tratado sin honores, como cualquier otro hombre. La respuesta vaga y reticente del Peregrino, sin embargo, molestó aún más al gobernador.

—¡Arrojadle a la mazmorra más oscura con los demás espías! —ordenó, indignado

Después, con ojos llenos de desprecio, se volvió hacia Roque.

—¡Te pudrirás con esos miserables!

Roque fue encerrado en prisión, pero no perdió su paz interior, porque lo inesperado y lo imprevisible, aceptados, no significaban otra cosa que la aceptación de la imprevisibilidad de Dios. Vivió la cárcel como una gracia más, una prueba durísima en una especie de ermita, que aceptó para expiar los pecados de todas aquellas personas que necesitaban paz. Así trajo consuelo a todos, incluso dentro de aquellos muros sombríos. Allí vivió, inocentemente, los últimos cinco años de su vida. Cinco años de vida que, sin embargo, le valieron una gran amistad con Dios, hasta el punto de sentirse interiormente libre para amar a sus carceleros. Era una mazmorra subterránea y lúgubre, donde ni siquiera percibían ya los olores, pues estaban cubiertos en todo momento por un hedor insoportable y no tenían compañeros más fieles que las ratas y los escorpiones.

Una noche soñó con el ángel al que a menudo recurría cuando necesitaba ayuda.

—Roque, tu alma santa descansará pronto en el seno del Padre Celestial, pero antes de que esto suceda puedes pedir una gracia especial a Dios —le dijo el ángel.

Se despertó sobresaltado y, en medio de aquella oscuridad absoluta, vislumbró al ángel en pie frente a él. Sin miedo, reflexionó sobre las últimas palabras que había escuchado en su sueño.

—Pido a Dios que conceda la salvación de la peste y de la enfermedad, incluso después de mi muerte y hasta el fin de los tiempos —respondió—, a cuantos invoquen mi nombre como intercesor ante Jesucristo y la Virgen María.

Al amanecer llamó al carcelero, que era su amigo desde hacía años, y le pidió el consuelo religioso de un confesor.

—Por favor, llama a un sacerdote. Quiero el consuelo de la Iglesia porque estoy a punto de terminar mi peregrinación en esta tierra y entrar en la nueva vida que no se acaba. ¡Este es mi último día en esta prisión!

El sacerdote llegó de mala gana, esperando entrar en una mazmorra oscura, pútrida y maloliente. En cambio, le pareció que se encontraba en un lugar lleno de luz y olores encantadores y agradables, mientras que de los ojos y de la frente de Roque emanaba un resplandor divino que revelaba su santidad. En realidad, aquello casi no fue una confesión, porque no había verdaderos pecados que confesar, y el sacerdote quedó tan edificado por las palabras del santo, que marchó inmediatamente a interceder ante el gobernador para que liberase a aquel noble hombre de Dios.

Mientras tanto Roque, sintiendo que llegaba su hora, se tumbó en el suelo y volvió los ojos y las palmas de las manos hacia el cielo. Fue entonces cuando vio, por última vez, al ángel caído disfrazado de criatura de luz, que intentaba desesperadamente engañarle antes de que muriera.

—¡Puedes morir en paz! Dios te dará la bienvenida a su paraíso hoy después de todo el bien que has hecho —dijo el ángel caído.

—¡Vete! ¡Sé quién eres!

—¿Por qué? ¿Qué hay de malo en lo que he dicho? ¿No me reconoces? ¡Soy tu ángel!

—¡Eres un mentiroso!

—¿Por qué dices eso?

—Si Dios quiere, me acogerá en el paraíso, por su misericordia, no porque yo tenga derecho a ello. No puedo reclamar derechos ante Dios porque todo el bien que he hecho fue inspirado por Él. Yo solo he colaborado. Eres un mentiroso porque intentas que caiga en la soberbia...

—Entonces admite que todo lo que hiciste fue para tu propia gloria y no para la de Dios. Dios verá que reconoces tu culpa, te perdonará y te dará el paraíso...

—¡Márchate!

El ángel caído fue puesto en fuga por la humildad del santo, porque Cristo habitaba ya en el corazón y el alma de Roque.

Cuando el gobernador, apremiado por el sacerdote, fue a la prisión, un espectáculo asombroso se presentó ante él: de la celda salía un intenso perfume floral y una luz muy suave. Al cruzar la puerta, los dos se encontraron con una placa en la que figuraba esta inscripción: "quien invoque mi gracia por intercesión de Roque, quedará curado de la peste y de las enfermedades". Vieron entonces el cuerpo del santo, como dormido, con los ojos fijos en el cielo e iluminado por dos antorchas, una cerca de su cabeza y otra a sus pies.

En muy poco tiempo la noticia de la misteriosa muerte del Peregrino se difundió por todas partes y mucha gente llegaba de todas partes para ver aquel milagro.

El gobernador acudió de nuevo a ver el cuerpo del santo, acompañado por su madre. Al leer el nombre de Roque en aquella tabla que prometía salvación a través de su intercesión, una fuerte duda asaltó a la mujer.

—¡Quitadle esos harapos! —ordenó a los guardias.

—Pero, madre… —balbuceó el gobernador.

—¡Cállate, Víctor! ¡Quitadle esos harapos! ¡Quiero ver su pecho!

Los guardias obedecieron y todos pudieron ver la cruz roja estampada en el noble pecho del Peregrino.

—¡Dios mío! — murmuró la madre del gobernador mientras caía de rodillas.

Se echó a llorar de alegría y de dolor, que, cuando se experimentan juntos, tienen un sabor amargo.

—Víctor, hijo, ¿qué has hecho? ¿Qué has hecho? Era Roque, el hijo de tu hermano Juan. Además de que su nombre está escrito en la placa, esta cruz en el pecho es algo que solo tenía él. Dios lo había marcado como su propiedad. Era un santo... ¡y lo has matado!

El gobernador cayó también de rodillas, sollozando y pidiendo perdón a aquel cuerpo luminoso, mientras una gran multitud se apretujaba para entrar y ver aquel milagro. El sacerdote que había intentado que lo liberaran sacó su librito y leyó:

"La vida de los justos está en manos de Dios,
y no los tocará el tormento.
La gente insensata pensaba que morían,

consideraba su tránsito como una desgracia,
y su partida de entre nosotros como una destrucción;
pero ellos están en paz.
La gente pensaba que cumplían una pena,
pero ellos esperaban de lleno la inmortalidad;
sufrieron pequeños castigos, recibirán grandes favores,
porque Dios los puso a prueba y los halló dignos de sí;
los probó como oro en crisol,
los recibió como sacrificio de holocausto;
a la hora de la cuenta resplandecerán
como chispas que prenden por un cañaveral;
gobernarán naciones, someterán pueblos,
y el Señor reinará sobre ellos eternamente.
Los que confían en él comprenderán la verdad,
los fieles a su amor seguirán a su lado;
porque quiere a sus devotos, se apiada de ellos
y mira por sus elegidos"[20].

Cuando se recuperó de la sorpresa, el gobernador, arrepentido y amargado, hizo llevar el cuerpo a la iglesia de nuestra Señora de las Mesas. Como ni siquiera aquel gran templo podía contener a todas las personas que se habían reunido, se colocó el bendito cuerpo del santo en un altar frente a la iglesia, donde permaneció durante dos días en espera de lo que fue una suntuosa ceremonia fúnebre pública.

Durante el solemne funeral, ríos de lágrimas lavaron y sanaron en todas direcciones. María también rindió homenaje al cuerpo del santo y comprendió finalmente que Dios se había reservado para sí aquel cuerpo, aquella mente y aquel corazón. Aquel día se produjeron sanaciones en todos los hogares donde había enfermedad, la cual quedó erradicada en un instante, como testimonio de que ante Dios

---

20   Sabiduría 3,1-9.

todo poder debe inclinarse. Era el dieciséis de agosto, el día después de la gloriosa Asunción de la Virgen al cielo. Incluso en el día de su nacimiento a una nueva vida, Roque siguió a la Virgen María como lo había hecho en esta vida terrena.

El gobernador ordenó que, todos los años, el día dieciséis de agosto tuviera lugar una gran celebración pública en memoria de aquella noble alma, a la que él mismo todavía pedía perdón. Tras ordenarlo, sintió ese perdón que había suplicado y pudo alegrarse con todas aquellas personas que, desde aquel momento, ya tenían a "su" santo. Los milagros se sucedían uno tras otro, atestiguando que aquel al que todos consideraban muerto no lo estaba realmente, sino que estaba tan vivo que, por el poder de Jesucristo, realizaba milagros. Así, todo el pueblo fue el que dictaminó la santidad de aquel noble Peregrino que muchos juraban haber visto, al caer la tarde, entrando en cada casa donde había dolor para erradicarlo, para consolar, para sanar y para mostrar el camino hacia nuestra patria celestial.

CUARTA PARTE
CONCLUSIONES

I. ¿DIOS ESTÁ EN PRIMER LUGAR O ES EL ÚNICO?

A veces escuchamos decir, cuando alguien quiere enfatizar lo importante que es el lugar que Dios debe ocupar en nuestras vidas, que Dios debe estar en primer lugar y que el cristiano debe ponerlo siempre en ese primer lugar. Muchos están convencidos de que junto a Dios se pueden y se deben colocar otros valores, como, por ejemplo, la propia familia, el cónyuge, los hijos, el trabajo, los afectos en general y cualquier otra cosa que se desee, y que estos valores deberían graduarse en una escala en cuyo vértice esté, o al menos debería estar, Dios. Nada más lejos de la realidad, si se tiene en cuenta que Dios y los valores mencionados no pertenecen a la misma categoría. En otras palabras, Dios es Dios, es decir, único en su especie y todo lo demás no puede compararse a Dios porque las criaturas no son dioses ni tampoco son Dios. El pueblo de Israel, que tenía muy claro este concepto, no decía que el Señor fuera el primero —en una escala de valores—, sino que decía y dice, por mandato divino en el Shemá[21], que "el Señor es uno".

---

21 Shemá significa, en hebreo, "escucha". Es una referencia al primer mandamiento: "Escucha, Israel: el Señor, nuestro Dios, es solamente uno. Amarás al Señor, tu Dios, con todo el corazón, con toda el alma, con todas las fuerzas. Las palabras que hoy te digo quedarán en tu memoria; se las repetirás a tus hijos y

Amando a Dios con TODO tu corazón, nada queda para tu prójimo, porque, de otra manera, no amarías a Dios con TODO tu corazón. El amor al prójimo, y por tanto a los demás valores, que a menudo se asocian a Dios, no es posible sin amar a Dios con TODO el corazón, con toda la mente y con todas las fuerzas. Es decir, el amor al prójimo solo es posible introduciendo al prójimo en este amor a Dios[22].Además, el amor a Dios se manifiesta a través del amor al prójimo porque, por su gratuidad trascendente, el amor que Dios nos tiene no puede ser correspondido más que en parte, amando al prójimo por amor a Él[23].

El amor al prójimo es la verdadera belleza, la verdadera armonía de la creación, y el hombre no puede prescindir de la belleza. Nuestra época a menudo parece no querer la belleza, volviéndose rígida en la búsqueda hedonista desenfrenada por alcanzar lo absoluto y el dominio[24], a pesar de que "el mundo se salvará por la belleza"[25]. Roque nos enseñó este tipo de amor al prójimo injertado en el amor a Dios hasta hacerse uno con él.

---

hablarás de ellas estando en casa y yendo de camino, acostado y levantado" (Dt 6,4-7).

22 Santa Teresa de Ávila expresó estos conceptos en su obra *Camino de perfección*, en la que habló de la importancia de amar a Dios con todo el corazón y de la influencia de este amor en las relaciones con los demás. Su idea es que un amor auténtico a Dios lleva naturalmente al amor al prójimo, porque la amistad con Dios y la amistad entre nosotros o bien crecen juntas o no son verdadero amor.

23 "Como os he amado antes de que existieseis, sin ser amado por vosotros —el amor me movió a crearos a mi imagen y semejanza—, y como un amor de este género no me lo podéis tener, por eso debéis otorgárselo a las criaturas racionales, amándolas sin ser amados por ellas, y hacerlo sin el interés del propio provecho espiritual o temporal, solo por la gloria y alabanza de mi nombre, puesto que son amadas por mí. Así cumpliréis el mandamiento de la ley de amarme más que a todas las cosas, y al prójimo como a vosotros mismos", Santa Catalina de Siena, *El dialogo*, Biblioteca de Autores Cristianos, 1996, cap. 89.

24 Cf. Albert Camus, *El extranjero*, 1942.

25 Fiódor Dostoyevski, *El idiota*, 1869.

Dios es uno solo. No hay otros porque las demás cosas no son Dios, pasan rápidamente y causan preocupaciones e inquietud. En lugar de satisfacer las necesidades profundas del corazón humano, provocan angustia y tristeza. ¿Acaso no es cierto que, muy a menudo, nuestro corazón queda anclado por el lastre esclavizador de divinidades insensatas y somos incapaces de zarpar y dejarnos atraer por Dios? La vida de Roque nos nuestra que es posible dejarse atraer por Dios y que de esa docilidad al plan divino sobre el hombre nace el amor a Dios y al prójimo.

Por este amor a Dios y al prójimo vale la pena aceptar el sufrimiento y las dificultades, porque esa aceptación aumenta, en el corazón de cada hombre, el precioso tesoro que Dios ha sembrado en él. El hombre que se entrega no se empobrece por este don de sí mismo, sino que, al contrario, se enriquece y se hace más humano porque es más semejante a Cristo.

Roque mantuvo la mirada fija en el cielo, nuestra verdadera patria y nos indicó el camino a seguir. Los sufrimientos, los sacrificios, las humillaciones, si se viven con la mirada puesta en el cielo, se convierten en una riqueza y un estímulo para perseverar hasta el final. Había aprendido a amar a su santo favorito, San Francisco de Asís, y meditaba a menudo sobre sus reflexiones, que hicieron de la Porciúncula un centro de fe y guía para toda la Edad Media. Como San Francisco, se repetía a menudo: "es tan grande el bien que espero, que en toda pena me deleito"[26]. Veía su propio sufrimiento y el de los demás como una gracia, no como un castigo, porque a través del sufrimiento obtenía de Dios unos ojos tan "limpios" que le permitían ver más allá de ese mismo sufrimiento. Nunca se reservó nada ni se echó atrás al desafiar la muerte atroz de los apestados y cuando él mismo experimentó aquella enfermedad, el sufrimiento en su propia

---

26 *Florecillas de San Francisco.*

carne no fue motivo de rebelión contra Dios, sino motivo de mayor intimidad con su Señor.

Por eso Dios permite las enfermedades y los sufrimientos en nuestras vidas, ya que a través de estas misteriosas realidades nos acercamos a Él, preparándonos para los destinos de gloria que Él nos tiene preparados en la otra vida. Por eso, toda vida, en cualquier condición, incluso cuando vivirla parezca una condena despiadada, merece ser vivida con plena aceptación. Si no vives esta vida bien y plenamente, no podrás entrar en la otra. Ésta es la verdadera humildad que nos enseñó Roque, la que nos permite mirarnos a nosotros mismos y a los demás con una mirada limpia. El orgullo, en cambio, precisamente porque se opone a la humildad, es una nube que nubla la mirada y no nos permite tener una visión clara de nosotros mismos ni del valor del prójimo, especialmente cuando ese prójimo es nuestro enemigo.

Un hombre cuya mirada está fija en Dios tiene toda su visión ocupada, por decirlo de alguna manera. No tiene espacio visual para ver nada más, de tanto que lo llena Dios, y no ve enemigos ni peligros, porque solo ve gracia. No ve ningún ataque a su "yo" porque su "yo" está muerto. Es entonces cuando uno puede escuchar la respiración de Dios en los latidos del propio corazón mientras percibe al Inmortal e Infinito manifestándose en la finitud de la criatura.

II. LA RELACIÓN CON LOS BIENES

Quien ha renunciado a los bienes de este mundo puede ver la pequeñez y el vacío del mundo entero al compararlo con el Infinito. Ponerse a prueba en las propias posesiones, es decir, amar a Dios con todas las propias fuerzas, con las propias posesiones, hace que la propia vida se convierta en otra vida, una vida nueva. Es una manera concreta de centrar la vida en Cristo. Se trata de trasladar el centro de la propia afectividad desde los bienes materiales a Cristo, el único Dios verdadero, fuente de la vida. Despojarse de los propios bienes y venderlos para dar el dinero a los pobres abre ese camino interior hacia el vaciamiento de uno mismo para que la casa del propio corazón pueda entonces llenarse de Dios. El que quiera salvar su vida, la perderá; y el que pierda su vida por causa de Cristo, la encontrará[27] porque "el apego al dinero es la raíz de todos los males"[28]. Roque era un noble, pero comprendió que la verdadera nobleza se alcanzaba a través de la virtud porque las riquezas de este mundo son de este mundo, mientras que, para el otro mundo, el eterno, son una pobreza terrible cuando se poseen fuera de la lógica de Dios, como el amor desordenado e inmoderado.

27   Cf. Mt 16,25
28   1 Tim 6,10.

"¿De qué le sirve al hombre ganar el mundo entero si pierde su vida?"[29]. En aquellos largos años de peregrinar, Roque luchó con la tentación de las seguridades, del pan, de la casa y de tener asegurada la comida, que prefería dejar a los pobres. El demonio acusador le hizo sentir su fragilidad física. ¡Qué tentadora tuvo que ser, en los momentos de desconsuelo, la idea de recuperar la estima y los aplausos del título nobiliario! No obstante, con la ayuda de su Dios, venció la tentación.

Entregar el producto de la venta de sus posesiones a los pobres y ceder su título nobiliario a su tío fueron signos claros de una conversión íntima y verdadera. Este hecho marca para cualquiera el inicio de una nueva vida, una vida en la que se puede experimentar que el alimento nos viene de nuestro verdadero Padre que está en el cielo, que todo lo ve y siempre provee para nosotros. Tener esta experiencia, al menos una vez en la vida, vale más que escuchar cualquier sermón, porque probarse en los bienes, entregando el dinero a los pobres, a los menos afortunados, a aquellos de quienes sabes bien que no recibirás nada a cambio, es una experiencia fundamental y la piedra angular de todo auténtico camino de conversión. La renuncia a los bienes conlleva una renuncia al mundo y a sus concupiscencias, a sus seducciones y a sus comodidades.

Un corazón probado seriamente en sus bienes es verdaderamente libre para seguir al Padre y amarle como el Padre siempre ha amado a ese corazón. De hecho, cuando en un rincón infinitesimal de nuestro corazón anida nuestro propio "yo", que sigue estando muy vivo, no hemos renunciado seriamente al mundo. Vivir la experiencia de la auténtica renuncia significa probar la paternidad de Dios, que da alimento a sus hijos pobres, los que se han hecho tales por amor a Él, y que les recompensa con el ciento por uno. Esto debe vivirse personalmente y es una experiencia que conviene a todo cristiano,

29 Mt 16,26.

212

no solo a los ermitaños o a los consagrados. Cuando Jesús le dijo al joven rico que lo que le faltaba para tener la vida eterna era que fuera y vendiera lo que tenía, se lo diera a los pobres y después le siguiera[30], aún no existían las órdenes religiosas ni las personas de vida consagrada. Roque, que no había hecho votos religiosos, nos mostró que es posible amar a Dios con todas las posesiones.

"He aprendido a ser pobre y a ser rico; estoy acostumbrado a todo, en todo lugar: a la saciedad y al hambre, a la abundancia y a la privación. Todo lo puedo en Aquel que me conforta"[31], dijo San Pablo sobre sí mismo.

Hoy en día, en una sociedad que ha expulsado a Dios, la voracidad, los bienes, la avaricia y el egoísmo son los nuevos dioses a los que podemos agarrarnos, buscando seguridades y placeres a cualquier precio, como si nuestro destino eterno se limitara a esta dimensión terrena. La verdad, aunque cada vez esté más silenciada por los medios de comunicación, sigue siendo la misma: "hay más alegría en dar que en recibir"[32]. ¡La vida no es una enorme barriga que el hombre tiene la misión de llenar! ¡Es mucho, mucho más!

Al fin y al cabo, "quien de verdad comienza a servir al Señor, lo menos que le puede ofrecer es la vida"[33].¡Aún menos es ofrecerle tus posesiones! Hay tanta fuerza en ese:

> Nada te turbe,
> nada te espante,
> todo se pasa,
> Dios no se muda;
> la paciencia
> todo lo alcanza;

30 Cf. Mt 19,21.
31 Flp 4,12-13.
32 Hch 20,35.
33 Santa Teresa de Jesús, *Camino de perfección*, cap. 12, 2.

quien a Dios tiene
nada le falta:
solo Dios basta[34].

¿Acaso no es cierto que a menudo nos aferramos a lo engañoso, a lo que no dura y, cuando ese algo muestra su falta de consistencia, sentimos un vacío, un hambre y una sed que ponen al descubierto los verdaderos problemas trágico-existenciales que claman dentro de cada hombre? ¿Acaso no es cierto que la posesión de todos los bienes de la tierra no alcanza a llenar ese vacío, ya que solo puede colmarse con la esperanza de la misma vida divina sembrada en el corazón humano?

Por otra parte, "si a alguien no le basta Dios, ¿qué otra realidad podrá bastarle en la comunidad, en el mundo?"[35].Roque nos demostró inequívocamente que solo Dios basta. Yo diría incluso que no solo Dios basta, sino que sobra. He experimentado esto varias veces.

34 Se trata de una famosa poesía y oración de Santa Teresa de Ávila, que no forma parte de sus obras, sino que fue encontrada dentro de su breviario personal en una hojita que la santa usaba como marcapáginas.
35 Karl Barth, *La Iglesia*. En esta obra, Barth subraya la importancia fundamental de Dios como fundamento y cumplimiento último de la comunidad cristiana y de la existencia humana.

III. EN LA ENFERMEDAD

En el mismo momento en que contrajo la terrible peste, Roque experimentó que "el dolor es el hilo con el que se teje la tela de la alegría"[36], es decir, que el dolor tiene un significado profundo cuando es vivido por el Valor Supremo. Es sangre nueva, incluso en la debilidad de la carne, que purifica las intenciones del corazón y transfigura al que sufre a imagen del Hijo. El sufrimiento siempre nos enseña algo verdadero, algo auténtico, algo que está anclado en la eternidad.

En el momento de su enfermedad, en la llanura de Sarmato, cerca de Piacenza, Roque se recogió en soledad y silencio. Un silencio que no era una simple falta de palabras o un vacío de sonidos, sino un oasis de paz y de escucha del Tú divino. Había sido preparado para esto por el doloroso vía crucis que había sufrido y por el propósito de vivir cada vez más profundamente unido a lo trascendente, al Total-

---

36 Esta frase se atribuye a Henri Marie de Lubac, aunque no proviene de una obra suya específica. Suele citarse como síntesis de sus reflexiones sobre el sufrimiento y la alegría en la vida cristiana. El cardenal Ravasi se ha referido a esta frase en varias ocasiones, por ejemplo, en sus artículos publicados en *Avvenire* el 29 de octubre de 2002 y el 19 de abril de 2003, en los que profundizó en el significado de esta cita en el contexto de la Pascua..

mente Otro. El verdadero silencio del amor siempre es elocuente, con una noble elocuencia. Es un silencio que escucha y habla, un silencio fecundo y signo del Amor divino, como el de dos enamorados que, mirándose a los ojos incluso en ausencia de palabras, siempre inadecuadas, se comunican su amor.

¿No deberíamos también nosotros cultivar, con paciencia, la intimidad con Dios, discerniendo su voz y sus tiempos en nuestra historia personal, familiar y de comunitaria?

El simple hecho de permanecer en silencio solo es el primer paso. Cada uno de nosotros necesita entrar en su cabaña y permanecer en silencio, para luego suplicar, como el publicano: "¡Señor Jesucristo, ten piedad de mí, pecador!". Esta oración debe ser repetida infinitas veces hasta que nuestro corazón la aprenda de memoria y pueda proclamarla sin necesidad de usar los labios, cantando por sí solo como le sucedía al anónimo Peregrino de Irkutsk[37]. Esta oración santifica y da luz a los ojos, porque confiere el discernimiento. Muchas personas, en particular los jóvenes, no logran decidirse ante las elecciones necesarias de la vida, ya sea por inseguridad, por credulidad o por infantilismo. Acuden a los magos, al mal de ojo, a los nuevos sacerdotes de las cartas o a interrogar de los muertos y a los planetas. Quien tiene intimidad con Dios Padre, sin embargo, ¿qué necesidad tendrá de refugiarse en estas cosas?

Una relación verdadera e íntima con Dios es un tesoro que nadie nos puede quitar. Los bienes materiales siempre están amenazados por la polilla y el óxido. Incluso afanarse por hacer el bien, como Marta, debe ser algo secundario, como le dijo Jesús: "Marta, Marta,

---

37 Anónimo, *El peregrino ruso*. Aunque el autor es desconocido, se cree que puede haber sido un campesino o un mercader ruso de Oriol, que, al volver de una peregrinación a Tierra Santa, se habría detenido en el Monte Athos para escribir la historia de su camino espiritual. Posteriormente, el texto fue transcrito por el abad Paissy, del monasterio de San Miguel Arcángel de los Cheremises, cerca de Kazán.

te afanas y te inquietas por muchas cosas, pero solo una cosa es necesaria. María ha escogido la mejor parte y no le será arrebatada"[38].

Aspiremos, pues, a los bienes celestiales, a los que perduran, a los que no nos serán arrebatados. La enfermedad tiene una gran misión: nos ayuda a comprender que nosotros también pasamos, que no somos eternos en esta tierra y que un día veremos a Dios cara a cara.

Si la cruz que lleva cada hombre fuera una abominación, una monstruosidad, Dios nos la habría ahorrado a nosotros y, sobre todo, se la habría ahorrado a su Hijo. Por lo tanto, en la cruz que lleva a cuestas cada hombre, más allá de la parte terrible que vemos y experimentamos, hay algo que no entendemos plenamente, pero que es mucho más importante que la parte visible. La cruz lleva consigo un secreto que es la puerta de la vida eterna. El mundo, el diablo y la carne son los tres grandes enemigos del hombre porque interpretan torcidamente nuestra historia personal para atormentarnos. Roque nos mostró que hay un cuarto intérprete de nuestra historia personal: la Palabra de Dios, que lo envió a un viaje espiritual y físico e hizo que abandonara sus posesiones y sus seguridades en busca de las cosas eternas.

38 Lc 10,41-42.

IV. LA MISIÓN DE ROQUE

Roque se entregó totalmente a su misión, siguiendo el ejemplo de Cristo, que dio su vida por nosotros. También nosotros debemos dar la vida por nuestros hermanos, amando no con palabras sino con obras y en verdad. Esto debe estar claro, ya que nos muestra el camino hacia el cielo, nuestra verdadera patria, y nos muestra también la falsedad de los nuevos Zaratustras de nuestro tiempo, porque es falso ese "Dios ha muerto" con el que Nietzsche quiere convencernos de que no nos queda nada más que el *amor fati*[39]. Lo cierto es que hay una esperanza, un camino y otra vida por la que vale la pena perder la actual.

Roque sabía que lo que realmente importa, los verdaderos bienes, los que duran, los de la vida que no perece, son los eternos. Fue un testigo veraz y auténtico de esta verdad. Siguiendo el ejemplo de Cristo y su camino humano, antes de su misión vivió una "vida oculta" de la que casi nada sabemos, similar a los primeros treinta años de vida oculta que precedieron al ministerio público de Jesús. En esta vida novelada, he usado mi imaginación para relatar toda la fase de la vida del santo anterior a su gran peregrinación. Roque fue

---

39 Es decir, la mera aceptación de nuestro destino, sea el que sea.

un auténtico testigo de la fe y la enseñó con su vida, no propagando conceptos, ideales o elucubraciones. Su misma vida fue un canto al Amor de Dios, que no necesita publicidad sino testigos.

Roque es un ejemplo brillante del testimonio de Cristo. Dondequiera que iba, le acompañaban los pensamientos de Cristo y de María. Un cristiano nunca está solo porque la verdadera soledad es la falta de Dios. Uno no se convierte en testigo de un día para otro, sino que es necesario un recorrido, un proceso en el que el hombre acepte gradual y libremente el don de Dios. Roque es un ejemplo concreto de esto y no es diferente de nosotros, porque tenemos en común la naturaleza humana, el sufrimiento, las emociones, las alegrías e incluso las dudas y los miedos. Es un ejemplo de la humanidad plena a la que el hombre se deja atraer de forma progresiva y libre por Dios, que es el Sumo Bien. Las grandes almas, como el propio Roque, demuestran con su vida que el Evangelio no es una utopía, sino un camino posible y realizable con la ayuda indispensable de Dios.

Del mismo modo, Roque nos muestra a cada uno de nosotros la Palabra de Dios encarnada en su propio cuerpo:"si quieres ser perfecto, anda, vende lo que tienes y dáselo a los pobres"[40]; "no llevéis nada para el camino"[41] y "si alguno quiere venir en pos de mí, niéguese a sí mismo, tome su cruz y sígame"[42]. Este fue el corazón de la regla de un gigante de la fe como San Francisco de Asís. Roque también lo convirtió en su proyecto de vida porque hizo suyo el espíritu de San Francisco, amando la santa pobreza.

Además, aunque el santo arriesgaba continuamente su propia vida para entregarse a los demás, cuando contrajo la peste se encontró solo, aislado en una choza y cara a cara con su Dios. Esperaba la muerte, pero no de forma fatalista: no perdió la esperanza y con-

40 Mt 19,21.
41 Lc 9,3.
42 Mt 16,24.

fió en Dios. Nunca se sintió traicionado por Aquel a quien servía entre los pobres y los apestados. Tuvo hambre, pero solo le importó a un perro. Con riesgo de su propia vida, se había acercado a los enfermos de peste, pero cuando él contrajo la peste, todos le rehuían y rechazaban. Aquella plaga, a la que había vencido innumerables veces en otros por la gracia de Dios, parecía querer cobrarse venganza. Tuvo hambre de alimento y de vida y habría muerto si Dios no se hubiera acordado de él. Todos somos San Roque. ¿Acaso no tenemos nosotros hambre de justicia, hambre de verdad y hambre de amor verdadero? ¿Y acaso no es cierto que lo único que puede saciarnos viene de fuera, a través de la ayuda que nos da Otro?

Cuando parece que ha llegado el fin, Dios interviene abriendo un camino para nosotros. Como seres espirituales, comemos un alimento que es mansedumbre y espíritu de piedad y nos nutrimos de ese pan necesario que es la voluntad de Dios. También nosotros, en muchos momentos de nuestra vida, nos encontramos encerrados y solos en la habitación de nuestro corazón, con el mismo anhelo que movía a Roque. Allí, en lo secreto de nuestra tienda, Dios habla y nos sana de la plaga de nuestro tiempo, que nos hace amar el éxito, la banalización de la sexualidad, la carrera, el prestigio, las posesiones, etc., es decir, los catalizadores de la sociedad actual. Mediante este amor a sí mismo, el hombre pretende sustituir a Dios, sentándose en el trono del conocimiento del bien y del mal, usurpando el papel divino de legislador y juzgando a sus propios hermanos, en un acto de suprema soberbia. Así entró al mundo el relativismo ético y moral con que hoy nos alimentan tantos programas televisivos y cierta pseudopolítica espectacular. Todo esto entra en el hombre de hoy a través de su deseo de conocimiento, que en sí mismo es una cosa excelente, pero que, una vez perdida la orientación natural hacia Dios, da lugar a la eliminación de Dios mismo de ese jardín o paraíso original donde todo tiene un orden y una finalidad intrínseca hacia la plena santidad. Volver a encontrar a Dios es la alegría que devuelve al hombre a su destino eterno de santidad.

Hoy nadie nos enseña a envejecer y a aceptar y amar el paso del tiempo. La Hermana Muerte, sin embargo, siempre está cerca de nosotros y acompaña nuestra vida desde nuestro nacimiento hasta el fin de nuestra vida terrena, con absoluta fidelidad a lo que el buen Dios ha dispuesto para nuestro bien. Para aprender a morir, se necesita toda una vida y, cuando se ha aprendido, se muere en un solo instante, porque Dios, en un santiamén, abre las puertas de la eternidad, preparada antes de los siglos para cada hombre. ¡Ese instante, en realidad, es el comienzo!

V. SOBRE LA HUMILDAD

Cuando Roque descubrió que podía hacer milagros, decidió ocultar su identidad hasta la muerte, aceptando ser tomado por extranjero y considerado un espía y un enemigo, incluso en su tierra natal, entre su gente. Así conservó la humildad, el don celestial indispensable para agradar a Dios. Después de todo, si hubiera buscado agradar a los hombres, no habría vendido sus posesiones y emprendido un viaje tan peligroso en aquellos tiempos y sin ninguna seguridad. Suscitar y conservar la humildad, es decir, la verdad sobre uno mismo, debe ser el programa de vida de todo cristiano. Cuando Roque ocultó sus milagros, desapareció ante los ojos de los hombres para aparecer ante los ojos de Dios.

Cristo no solo tiene humildad, sino que, ante todo, es la auténtica humildad. Los orgullosos que lo miran ven humillación, aniquilación y muerte, mientras que los humildes ven su gloriosa victoria sobre la muerte. Roque es un hombre que vale y su valores lo que valga ante Dios. De la misma manera, cada uno de nosotros vale lo que valga ante Dios. Como resaltaba San Francisco de Asís a sus compañeros, eso es lo que vale y nada más. Roque tuvo cuidado de esconder su noble condición y los dones del Señor en el secreto de su corazón, para no exponerse a la fama, que, muy a menudo, se convierte en ocasión de peligro.

Cuando Adán se encontró en el Paraíso, recorrió por su propia culpa un camino interior que le hizo perder tanto la felicidad como la santidad. En cambio, quien se hace peregrino, emprendiendo un "viaje de retorno", es decir, recorriendo el camino inverso al de Adán, recupera la felicidad y la santidad. Recupera, la familiaridad con los hombres y los animales que era característica del paraíso. Ni el legendario perro de Gotardo ni las fieras se mostraron nunca hostiles a Roque durante el largo periodo de la terrible peste.

Nuestro santo anticipó con su vida lo que el gran San Ignacio de Loyola proclamaría un par de siglos después de él: "ora como si todo dependiera solo de Dios y actúa como si todo dependiera solo de ti"[43].

¿No es la humildad lo que realmente necesitamos con urgencia para construir nuestra vida sobre bases sólidas y servir de fundamento a quienes nos rodean? A veces puede parecer que la humildad nos destruye, cuando lo cierto es lo contrario: nos eleva en una ascensión espiritual que es el punto de inflexión final en el camino de todo cristiano hacia la patria celestial, donde Cristo nos ha preparado un lugar. Al morir completaremos la última etapa de ese ascetismo que nos humilla y dura toda la vida. La humillación suprema es la muerte física, que realiza la paradoja evangélica según la cual "el que se humilla será exaltado"[44].

De este modo, se revela como vano todo lo que hay en este mundo, al que nada hemos traído y del que nada nos llevaremos después de esta vida. Esta visión verdadera solo se consigue cuando nuestros ojos de fe se dilatan inmensamente en Dios. Cuando estemos ante Él, la dilatación visual será perfecta y también perfecta será nuestra alegría en la plenitud de la vida, ¡la vida real!

---

43   Frase habitualmente atribuida a San Ignacio, pero que no se encuentra en ninguno de sus escritos.
44   Mt 23,12.

Cada uno de nosotros necesita urgentemente aprender a vivir este ascetismo, preparándonos para el ascetismo definitivo mediante el ejercicio de la virtud, afinando y fortaleciendo nuestra voluntad en la orientación natural hacia lo sobrenatural. Roque nos mostró el camino.

VI. LA SANTIDAD ES PARA TODOS

En una época como la actual, en la que hablamos de gobiernos laicos, de partidos laicos y de laicismo en general, el término laico ha sido vaciado de su contenido auténtico hasta el punto de indicar, impropiamente, a alguien que está en oposición al clero o, incluso, en oposición a la Iglesia Católica. En realidad, los laicos son aquellas personas bautizadas que, aunque no han recibido las órdenes sagradas ni tienen el estado religioso, han sido incorporados a Cristo en virtud del bautismo y realizan la misión propia de todo el pueblo cristiano[45]. A menudo, nosotros, los laicos, dejando de lado nuestra consagración a Cristo y que hemos sido ungidos por el Espíritu Santo, olvidamos la vocación común a la única santidad, que no es algo exclusivo del clero.

El Catecismo es claro al respecto: "los laicos, consagrados a Cristo y ungidos por el Espíritu Santo, están maravillosamente llamados y preparados para producir siempre los frutos más abundantes del Espíritu"[46]. El laico, pues, está consagrado a Cristo y, además, ha sido ungido por el Espíritu Santo.

---

45 Catecismo de la Iglesia Católica, 897.
46 Catecismo de la Iglesia Católica, 901.

Roque era un hombre común y corriente, en el sentido de que no había hecho votos ni era un clérigo. Su santidad de vida fue la consecuencia natural de haber recibido el bautismo siendo niño y de no haber puesto ningún obstáculo a su pleno desarrollo. Por lo tanto, San Roque es un santo muy contemporáneo, ya que su vida nos ha demostrado que la santidad es para todos.

La historia de Roque nos ilumina hoy a todos, porque el suyo no es un camino reservado solo para algunos, sino que puede ser recorrido por cualquier persona bautizada, llamada por Dios a la verdadera santidad.

"Sed perfectos, como vuestro Padre celestial es perfecto"[47] es una exhortación dirigida a todo el pueblo cristiano, a todos los bautizados sin distinción, porque estamos llamados a la única santidad de Dios, la única fe, la única esperanza y la única caridad. Cuando Jesús exhortó a sus discípulos a ser perfectos como su Padre celestial, todavía no existían clérigos ni órdenes religiosas. De ahí que buscar la perfección en la santidad sea algo propio de todo bautizado."Los laicos tienen como vocación propia el buscar el Reino de Dios ocupándose de las realidades temporales y ordenándolas según Dios [...] A ellos de manera especial corresponde iluminar y ordenar todas las realidades temporales"[48].

Roque nos mostró que el anhelo por lo sobrenatural, por Dios, está escondido en el corazón de cada hombre y, en ese sentido, se puede decir que nuestro Peregrino fue un catecismo viviente. Es posible llegar a ser santo a través de la vida cotidiana, las obras, la oración, la vida matrimonial y familiar, el trabajo cotidiano y soportando los pesos de la vida que, ofrecidos por amor a Jesucristo, se convierten en "sacrificios espirituales agradables a Dios"[49].Cada uno de nosotros está llamado a ser santo. San Roque nos enseñó que

---

47 Mt 5,48.
48 Catecismo de la Iglesia Católica, 898.
49 1P 2,5.

caminar por el camino de la santidad es realmente posible. ¿Acaso no es la vida una peregrinación? ¿No experimentamos muchas veces que nuestras posesiones no pueden salvarnos de la oscuridad y de las sombras de nuestro ser más profundo? ¿No es nuestro "ego" el mayor obstáculo que nos impide seguir los pasos de Cristo? ¿No es este camino hacia Dios el camino que cada uno de nosotros ha comenzado y que cada día debemos comenzar de nuevo?

Si es así, emprendamos con todo nuestro corazón este maravilloso viaje porque la aventura más hermosa que le puede suceder a un hombre en esta tierra es conocer y amar a Dios sobre todas las cosas, con todo nuestro corazón, con toda nuestra mente y con todas nuestras fuerzas, y amar al prójimo como a nosotros mismos. La semilla de esta santidad está contenida en el bautismo que nos fue administrado cuando éramos pequeños.

A través del Camino Neocatecumenal, paso a paso, hemos podido redescubrir el significado y los tesoros que encierra el bautismo, redescubriendo también el significado de la vestidura blanca que nos fue regalada por la Iglesia en aquella ocasión. Hoy, después de haber recorrido por completo el itinerario Neocatecumenal, podemos vivir un cristianismo más adulto y maduro, conscientes de que esas vestiduras blancas que se nos entregan al final del proceso formativo indican que nosotros, bautizados, nos hemos revestido de Cristo[50].

Ánimo, pues. Pongámonos manos a la obra y, con la ayuda del Todo Santo, convirtámonos en santos. Eso es lo que el mundo necesita de nosotros: poder gustar y experimentar nuestra santidad de vida.

---

50 Catecismo de la Iglesia Católica, 1243. "La vestidura blanca simboliza que el bautizado se ha 'revestido de Cristo' (Ga 3,27): ha resucitado con Cristo".

EPÍLOGO Y AGRADECIMIENTOS

He tenido la suerte de poder seguir educándome y formándome incluso en la fase adulta de mi vida, así como la fortuna de vivir la experiencia del Camino Neocatecumenal en la parroquia San Pío X, en Regio de Calabria, desde abril de 1972. He conocido a multitud de personas y he podido caminar a su lado. Muchas han muerto, pero de ellas también he podido aprender los rudimentos de la humildad, entre los pobres y en medio de mil dificultades. Ha valido la pena porque ha sido un regalo de la gracia. De esta manera, he podido descubrir que seguir la llamada de Dios es la aventura más fantástica que le puede suceder a un hombre. Dios me reconstruyó interiormente, dándome paz y equilibrio y, sobre todo, el deseo de entregarme. He sufrido mucho por causa del Evangelio, pero he recibido Algo y a Alguien que vendrán conmigo más allá de la vida terrena. Es lo que podré llevar conmigo para siempre, de modo que soy un hombre rico, con una riqueza inconmensurable. ¡Ahora, con la ayuda de Dios y de la Iglesia, debo perseverar! Así un día podré ir al Padre. Don Lillo Altomonte, nuestro primer párroco y presbítero de la comunidad, ha jugado un papel importante en esta formación, como hombre de fe, sólido, austero y capaz de distinguir lo que viene de Dios y de los caprichos. También me han ayudado mucho don Ercole Lacava y don Gianni Licastro, mi actual párroco.

Esta obra, la vida novelada de San Roque, es fruto del afecto que me une a los catequistas que me ayudaron en mi camino de fe: el padre Romano Fucini, marista, que ya falleció; don Pino Pronzato, ahora sacerdote; Eusebio Astiaso junto con su esposa Giulietta, todos de la primera comunidad de Santa Francisca Cabrini en Roma. Después de cuatro años de camino, a los dos últimos catequistas les sucedieron Salvatore Morfino y Rosalia Randazzo, esposos de la primera comunidad de la Sagrada Familia de Palermo y padres de ocho hijas. Salvatore y Rosalia, fallecieron hace unos años, dando testimonio de esperanza. Eran personas de fe, de esas que te ayudan a crecer y que vale la pena conocer. Agata Matranga, la segunda esposa de Salvatore, también trabajó como catequista itinerante durante diez años predicando el mismo y único Espíritu. Desde la muerte del padre Romano, muchos otros sacerdotes y jóvenes catequistas le han sucedido. He recibido un gran testimonio, entre otros de don Valeriano Montini de Brescia, don Orlando Rivera de Panamá, el padre Angelo Rugolotto, salesiano de don Bosco, don Riccardo Martorelli de Roma, don Lamberto Viaro de Bolzano y don José Davide Albeza Asencio de Alicante. En estos últimos años, don Fulvio Digiovambattista, Mattia del Prete y Gabriella Diotallevi, Massimo Savarese y Annalisa Nervi, todos hermanos de la primera comunidad de la parroquia de los Mártires Canadienses de Roma, han sido y son (a excepción de Gabriella, que ya falleció) nuestros actuales catequistas.

Todos son nombres concretos, de las personas concretas que la divina Providencia ha puesto en mi camino, para que, en la predicación, pudiera encontrarme con Jesús, una persona concreta. ¡Agradezco a Dios que los haya puesto en mi camino! También le agradezco que me haya llamado a trabajar en su viña como catequista. Desde 1974 he desempeñado la tarea de catequista de adultos y he anunciado el amor de Dios a infinidad de personas, recibiendo la fuerza necesaria para crecer en profundidad. Sobre todo, doy gracias a Dios por los hermanos de la primera comunidad neocatecumenal de la parroquia del Rosario de Villa San Giovanni, donde, desde 1976, he podido anunciar al Dios que me buscó y me ayudó. La primera edición italiana de esta obra estuvo especialmente dedicada a quienes concluyeron, en la Vigilia Pascual de 2009, el itinerario de formación para la fe adulta del Camino Neocatecumenal. Terminan las etapas, los diversos "pasos", pero en realidad el viaje continúa hasta nuestro último aliento.

Esta obra sobre San Roque pretende ser una pequeña ayuda en el proceso de conversión continua de estos hermanos tan queridos para mí, porque, por un misterioso designio divino, su historia se ha entrelazado con la mía, con la de mi esposa Caterina y la de los demás catequistas que, poco a poco, han formado nuestro equipo a lo largo de los años. Me refiero en particular a Gianni Malara y su esposa Anna, que nos acompañaron en el equipo durante muchos años; a Nino Drago y su esposa Cressy; a Rosella y Caterina, así como a todos los demás catequistas de nuestra comunidad que nos han acompañado a mi esposa y a mí en esta labor catequética. Este libro también está dedicado a los padres somascos, que han ayudado a la parroquia del Rosario de Villa San Giovanni desde sus inicios. Recuerdo con verdadero cariño a los párrocos: el padre Aldo Gazzano, el primer párroco que trajo el Camino Neocatecumenal a Villa San Giovanni; el padre Giampiero Bassis, consejero y animador de muchos hermanos de la diócesis, necesitados de una palabra de discernimiento; el padre Emidio, atento y paciente con las necesidades de las almas; el padre Battista, entregado al servicio de la misión sin escatimar esfuerzos; el padre Adriano Serra, con su gran delicadeza en el servicio, y también el actual párroco, el padre Pasquale Macchia. Por su evidente y manifiesta humildad en la entrega a los demás, no puedo olvidar al amable y humilde padre Pasquale Corsini. Todas estas personas de vida consagrada se entregaron por el crecimiento y la santificación de la comunidad. Los religiosos somascos han demostrado amor a nuestro Camino con su servicio y nuestro Camino también ha querido mucho a los Somascos: uno de los jóvenes que se formaron en nuestro Camino, el padre Fortunato Romeo, ingresó en la Orden de los Somascos y ha servido a la Iglesia en Nigeria durante muchos años. ¡Para gloria de Dios!

Agradezco su paciente empeño en busca de una editorial a Miguel Cuartero, de la parroquia de Santa Francisca Cabrini de Roma, y al bueno y paciente Bruno Moreno, de la parroquia de Santa María del Parque de Madrid, quien se encargó de la traducción del texto para la primera edición en español.

Gracias al editor de la versión española, Manuel Caparrós y también al editor de la versión italiana, Fernando María Chirico, a quien tuve el placer de conocer y que enseguida se mostró como un hermano como Miguel y Bruno, porque cuando uno hace algo por amor a Cristo, con el único propósito de servir, sin otros fines, descubre inmediatamente que es hermano. Gracias al padre Mario Pezzi, cuyas numerosas llamadas telefónicas me llenaron de alegría, especialmente cuando me preguntó si estaría dispuesto a publicar la segunda edición de esta historia novelada de San Roque de Montpellier, así una primera edición en español. Me alegró mucho su motivación: "es una historia en la que se puede sentir el espíritu del Camino Neocatecumenal porque muestra cómo Dios habla al hombre a través de los hechos de su propia vida". Para mí, este libro, más que una obra literaria, es una obra de fe porque fue escrita, en medio de tantas vicisitudes, de rodillas y con las manos alzadas a Dios. Espero que esta nueva edición en italiano y la primera edición en español puedan ayudar a todos los hermanos de las Comunidades Neocatecumenales y a todos aquellos que buscan a Dios, como deseaba el padre Mario Pezzi, que tan bien ha captado su significado más auténtico y tanto ha promovido su difusión. Agradezco a Dios que haya suscitado nuestro carisma neocatecumenal a través de personas dóciles a la acción de la gracia, como Kiko Argüello y Carmen Hernández, así como María Ascensión Romero.

Por último, pero no menos importante, doy las gracias a los hermanos de mi comunidad, junto a los que he caminado durante cincuenta y tres años y con los que, más allá de cualquier diferencia, puedo alzar la mirada al cielo. Espero que quienes sientan que estas humildes reflexiones les han ayudado recen alguna vez por mí, por mi esposa Caterina y por los misterios que se han presentado en nuestra familia: nuestros hijos Samuele, Davide con su esposa Noemi, Marco, Daniele con su esposa Luigia, Luca y Simone.

PRESENTACIÓN A LA PRIMERA EDICIÓN ITALIANA POR
Vittorio Luigi Mondello,
Arzobispo emérito de Regio de Calabria – Bova

Últimamente he estado leyendo varias biografías de santos, incluidas algunas que ya había leído, como la del Santo Cura de Ars, la de Santa Margarita María de Alacoque y otras. Por eso, cuando Rocco Artuso me trajo el borrador de su vida de San Roque, no me sentí muy inclinado a leerla, sobre todo porque el propio autor la presentaba como una biografía novelada.

Cuando finalmente comencé su lectura con cierta reticencia, me fascinó el estilo tan llano de la narración. A pesar de que hay poca información sobre la vida de San Roque, el autor ha sabido contarla utilizando los escasos datos que tenemos y añadiendo descripciones muy realistas de lugares y personas.

Asimismo, el autor ha querido subrayar el amor de San Roque por los demás, que lo llevó a dedicarse por completo al bienestar del prójimo, especialmente de las víctimas de la peste. Por esta razón, eligió el camino de la humillación y el sufrimiento, llegando incluso a jurar no revelar jamás su nombre para que no le reconocieran como gobernador de Montpellier. Precisamente por cumplir este voto, según el excelente narrador, sufrió San Roque la muerte, ya que podría haberse salvado con solo pronunciar su propio nombre.

Debo confesar que leer esta biografía me ha entusiasmado y conmovido, a veces incluso hasta las lágrimas. Espero que muchos puedan leerla y conmoverse igual que yo, descubriendo que sufrir como Cristo, entregándonos a los demás, es la mayor felicidad que podemos experimentar.

Vittorio Luigi Mondello,
Arzobispo emérito de Regio de Calabria – Bova
En Regio de Calabria, a 13 de julio de 2009

PRESENTAZIONE

In questo periodo sto leggendo diverse biografie di Santi, riprendendone anche qualcuna letta nei tempi passati, quali il S. Curato d'Ars, S. Margherita Alacoque ed altre.

Per questo confesso che quando il Dott. Rocco Artuso mi ha portato le bozze di una sua biografia su S. Rocco non ero molto propenso a leggerla, anche perché lo stesso autore presentava l'opera come una biografia romanzata.

Quando finalmente ho cominciato, con un po' di malavoglia, la lettura sono rimasto affascinato dallo stile limpido da grande narratore che pur avendo poche notizie sulla vita di S. Rocco ha saputo raccontarla rifacendosi a quelle poche notizie e aggiungendo descrizioni di luoghi e di personaggi come fossero veramente reali.

L'autore ha voluto sottolineare l'amore di Rocco verso il prossimo che l'ha portato a donarsi pienamente nella ricerca del bene altrui, specialmente degli appestati.

Per questo ha scelto la via dell'umiliazione e della sofferenza facendo addirittura voto di non manifestare mai il suo nome per non essere riconosciuto come il Governatore di Montpellier.

Ed è stato proprio per mantenere tale voto che Rocco Artuso, da fine narratore, ha potuto far dipendere la morte di Rocco, che poteva salvarsi solo pronunciando il proprio nome.

Debbo confessare che la lettura di questa biografia mi ha entusiasmato e perfino commosso, qualche volta fino alle lacrime.

Mi auguro che molti la possano leggere e commuoversi come me, scoprendo che soffrire come Cristo donandosi agli altri è la più grande felicità che ci possa capitare.

Reggio Calabria, 13 luglio 2009

+ *Vittorio Mondello*
✠ *Vittorio Mondello*
Arcivescovo Metropolita

APÉNDICE: BIBLIOGRAFÍA CONSULTADA

Karl Barth, *La Chiesa*, Città Nuova, 1970;

Oursel Raymond, *Pellegrini del Medioevo, Gli uomini le strade i santuari*, Il Giornale Biblioteca Storica, 1978;

Albert Camus, *Lo Straniero*, Bompiani Editore, 2015 y también en *L'essere e il nulla*, Il Saggiatore Editore, 1984;

Ermenegildo Fusaro, *San Rocco nella sua storia, nella tradizione, nel culto, nell'arte e nel folklore a Venezia*, Venecia 1991;

Catechismo della Chiesa Cattolica, dirección y comentario teológico a cargo de Rino Fisichella, Piemme editore, 1993;

Paolo Ascagni, S*an Rocco contro la malattia. Storia di un taumaturgo*, San Paolo Edizioni, 1997;

Santa Teresa de Ávila, *Pagine Scelte*, edición a cargo de Luigi Borriello y Giovanna della Croce, Collana Economica dello Spirito, Paoline Editoriale Libri, 2001;

Pierre Bolle y Paolo Ascagni, *Rocco di Montpellier, Voghera e il suo Santo*, edición a cargo de la Associazione Italiana San Rocco di Montpellier, Centro Studi Rocchiano, Comitato Internazionale, 2001;

Domenico De Maio y Maurizio Lopresti, *San Rocco, L'uomo e il Santo: Peste, leggende, storia e devozione*, Editore Laruffa, 2003;

Luigi Ferraiolo, *San Rocco Pellegrino e guaritore*, ed. Paoline 2003;

Mino Milani, *La guerra sia con me. Vita immaginaria di San Rocco*, Mursia 2005;

Oreste Pace Kessel, *San Rocco di Montpellier, Anno del Signore 1345*, Laruffa Editore, 2005;

Fëdor Michajlovič Dostoevskij, *L'idiota*, Biblioteca Economica Newton, 2007;

La Nuova Bibbia di Gerusalemme, EDB 2009;

San Rocco di Montpellier, studi e ricerche. Atti delle giornate internazionali, edición latina, italiana y francesa (Cremona 2 a 3 de octubre de 2009).

Santa Teresa de Ávila, *Il Libro della Vita*, Paoline Editoriale Libri, collana economica dello Spirito, 2016;

Anónimo, *Racconti di un Pellegrino Russo*, traducción del ruso de L. Bortolon, Vita e Pensiero, Milano 1956;

La Bibbia Scrutate le Scritture, San Paolo Edizioni, 2020;

Santa Catalina de Siena, *Dialogo della Divina Provvidenza*, edición a cargo de Maria Adelaide Raschini, Edizioni Studio Domenicano, 2020.

Sitios web

www.amicidisanrocco.it (sitio web de una asociación europea dedicada al santo;incluye una Misa propia, novena, himno estatuto, historia etc.).

www.sanroccodimontpellier.it

it.wikipedia.org/wiki/San_Rocco (en la parte inferior se encuentran notas, biografía y enlaces externos).

Materiales consultados en francés

"Vie, légende et miracles de Monseigneur saint Roch", Jehan Phélipot. Reedición con notas de la edición de 1494, por Maurice Luthard (1917);

"Le Problème de saint Roch", Augustin Fliche, en "Analecta Bollandiana" 68 (1950), págs. 343 a 361;

"Montpellier, ville royale, XIV-XV siècle", canónigo Jean Segondy, Dactyl. (1969), págs. 56 a 58;

"Un saint populaire? La lente renaissance du culte de saint Roch dans le diocèse de Montpellier durant la première moitié du XIX siècle", Gérard Cholvy, Montpellier (1971);

"Roch, le mendiant du Christ", M. Jalagnier, Montpellier (1971);

"Pèlerins du Moyen-Âge", Raymond Oursel, Fayard (1978);

"Saint Roch, pèlerin de Dieu, secours des malades", abbé René Berthier, Univers Média, París (1983);

"Nouvelle contribution à l'étude de la vie authentique, de l'histoire et des légendes de Monseigneur saint Roch", François Pitangue, Montpellier (1984);

"La Mort noire, chronique de la peste", Johannes Nohl, Payot (1986);

"Saint Roch et la peste", Marie-Odile Jeanjean. Tesis presentada y defendida públicamente ante la Facultad de Medicina de Montpellier para la obtención del título de Doctor en Medicina (1988);

"Montpellier la Médiévale", Jacqueline Liault, Ed. Christian Lacour, Nîmes (1990);

"Saint Roch, le guérisseur de l'impossible", Françoise Bouchard, Ed. Résiac (1998).

CONTENIDO

Este libro se terminó de imprimir
el día 16 de agosto de 2025,
festividad de San Roque.

LAUS DEO